◆ 2015 年度国家社科基金青年基金项目"外汇储备助推实体经济的路径研究"（项目编号：15CGJ020）成果
◆ 东北师范大学一流学科——统计学"应用统计教育部重点实验室"资助

资本账户开放进程中的中国外汇储备管理研究

王立荣／著

中国财经出版传媒集团
经济科学出版社
Economic Science Press

图书在版编目（CIP）数据

资本账户开放进程中的中国外汇储备管理研究／王立荣著.
—北京：经济科学出版社，2018.8
ISBN 978 - 7 - 5141 - 9736 - 5

Ⅰ.①资… Ⅱ.①王… Ⅲ.①外汇储备 - 研究 - 中国
Ⅳ.①F822.2

中国版本图书馆 CIP 数据核字（2018）第 206941 号

责任编辑：杜　鹏　张　燕
责任校对：隗立娜
责任印制：邱　天

资本账户开放进程中的中国外汇储备管理研究
王立荣/著
经济科学出版社出版、发行　新华书店经销
社址：北京市海淀区阜成路甲 28 号　邮编：100142
编辑部电话：010 - 88191441　发行部电话：010 - 88191522
网址：www. esp. com. cn
电子邮件：esp_bj@ 163. com
天猫网店：经济科学出版社旗舰店
网址：http://jjkxcbs. tmall. com
固安华明印业有限公司印装
710×1000　16 开　10 印张　160000 字
2018 年 8 月第 1 版　2018 年 8 月第 1 次印刷
ISBN 978 - 7 - 5141 - 9736 - 5　定价：49.00 元
（图书出现印装问题，本社负责调换。电话：010 - 88191510）
（版权所有　侵权必究　打击盗版　举报热线：010 - 88191661
QQ：2242791300　营销中心电话：010 - 88191537
电子邮箱：dbts@esp. com. cn）

前　　言

近年来，我国资本账户开放的步伐明显加快。2010 年 10 月的《中共中央关于制定国民经济和社会发展第十二个五年规划的建议》中明确提出，"稳步推进利率市场化改革，完善以市场供求为基础的有管理的浮动汇率制度，改进外汇储备经营管理，逐步实现人民币资本项目可兑换。加强金融监管协调，建立健全系统性金融风险防范预警体系和处置机制。"2015 年 10 月的《中共中央关于制定国民经济和社会发展第十三个五年规划的建议》中再次提出"有序实现人民币资本项目可兑换，推动人民币加入特别提款权，成为可兑换、可自由使用货币。转变外汇管理和使用方式，从正面清单转变为负面清单。放宽境外投资汇兑限制，放宽企业和个人外汇管理要求，放宽跨国公司资金境外运作限制"，"推进资本市场双向开放，改进并逐步取消境内外投资额度限制"。

以上政策文件共同指出了两个核心问题：第一，有序推动资本账户开放；第二，外汇储备经营管理的方式需要转变。资本账户有序开放以及开放的程度，对外汇储备管理提出了新的要求。

另外，中国持有的外汇储备数量从 2006 年起超过日本，成为世界上持有外汇储备最多的国家。2014 年 6 月达到最高值——3.99 万亿美元，是日本外汇储备的 3 倍有余，占全球外汇储备的 1/3。

值得注意的是，2015 年 11 月 30 日，国际货币基金组织宣布人民币加入特别提款权（SDR），成为 SDR 篮子货币中第三大权重货币。2016 年 9 月 30 日（美国东部时间），国际货币基金组织宣布纳入人民币的特别提款权新货币篮子于 2016 年 10 月 1 日正式生效。至此，人民币国际化程度进一步得到提高。而资本账户开放与人民币国际化是一枚硬币的两面，人民币要成为国际货币，必然要开放资本账户（张明，2015）。

随着资本账户的逐步放开，跨境资本流动将愈加频繁，这将对外汇储备数量产生难以预期的影响；同时，人民币汇率的市场化形成机制改革也为外汇储备在外汇市场上的运用提出了新的挑战。在中国资本市场出现动荡、实体经济增长乏力、国际经济形势日益复杂的大背景下，如何高效、科学地管理外汇储备，以更好地服务中国经济总体发展目标，实现经济内外双均衡，保持国内金融稳定，是必须深入研究的难题。

本书在系统回顾中国资本账户开放进程的基础上，采用规范分析法、对比分析法梳理日本、印度、韩国等典型国家的资本账户开放经验，探寻中国资本账户有序开放的各种可能模式。另外，随着中国资本账户的逐步开放，中国与世界经济的联系将更加紧密，全球金融市场的动荡对中国金融市场的稳定状态也将产生更大影响，中国金融市场和经济发展面临的不确定性会显著增加。因此，本书在量化分析中国资本账户开放度的基础上，结合中国金融市场风险指数，构建基于金融稳定的外汇储备适度规模理论，探索外汇储备维持国内金融稳定的可行机制，本书在最后总结了外汇储备的创新管理模式。

作者

2018 年 7 月

目　　录

第一章

中国外汇储备的演进历程

中国持有的外汇储备数量从 2006 年起超过日本，成为世界上持有外汇储备最多的国家。2014 年 6 月达到最高值——3.99 万亿美元，是日本外汇储备的 3 倍有余，占全球外汇储备的 1/3。然而，中华人民共和国成立之初，中国曾面临外汇储备极度匮乏的现状。理清中国外汇储备的演进历程，有助于理解外汇储备的形成机制，明确外汇储备在国家经济发展中的地位和作用。

第一节　中华人民共和国成立至改革开放初期中国外汇储备变化情况

中华人民共和国成立之初，中国与西方国家正常的贸易往来处于中断的状态，仅与少数社会主义国家保持贸易往来，因此，中国获取外汇的途径非常有限。为了发展国民经济、扩大对外贸易，中国需要大量的外汇。为此，中国实行了"中央银行统一经营，高度集中、统收统支、统一分配"的外汇管理制度，并指定中国人民银行作为国家外汇管理机关。

一、外汇储备的规模变化

中华人民共和国成立之初，中国的外汇储备极度匮乏，外汇储备存量从中华人民共和国成立初期的 1.57 亿美元（1950 年）直至改革开放前期，平均维持在 1.73 亿美元。[①] 20 世纪 60 年代初的"三年自然灾害"期间，从国外进口粮食等物资主要使用黄金进行国际支付。1975 年以后，外汇储备存量开始快速增长，到 1977 年，外汇储备存量达到 9.52 亿美元。该时期外汇储备存量情况如图 1.1 所示。[②]

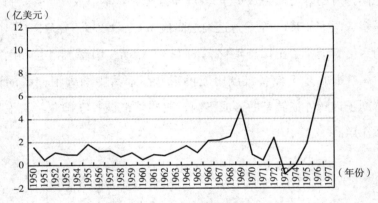

图 1.1   1950～1977 年中国外汇储备情况

资料来源：国家外汇管理局网站。

从这一时期外汇储备的整体变动情况看，外汇储备波动剧烈。尤其进入 20 世纪 70 年代，随着中美、中日关系的正常化，西方国家对中国的遏制逐渐被打破，我国的出口量也开始快速增长，外汇储备增长迅速。另外，1973 年 1 月，原国家计委提出的《关于增加设备进口、扩大经济交流

[①] 1.73 亿美元为 1950～1977 年中国外汇储备存量的年度平均值，数据来源于国家外汇管理局关于外汇储备存量的年度数据。

[②] 图 1.1 中的外汇储备数据为中国的国家外汇数据，不包含中国银行外汇结存。

的请示报告》建议未来在 3～5 年内引进价值 43 亿美元的成套设备，通称
"四三方案"。"四三方案"是中国提出的向美国、联邦德国、法国、日本、
荷兰、瑞士、意大利等西方国家大规模引进成套技术设备的计划。"四三
方案"之后，在这个方案的基础上又追加了一批项目。这是中国继 20 世
纪 50 年代引进苏联援助的"156 项工程"之后，第二次大规模的技术引
进。中国利用"四三方案"引进的设备，结合国产设备配套，兴建了二十
多个大型工业项目，为中国 80 年代的经济发展奠定了重要基础。在落实
"四三方案"过程中，中国的外汇储备出现大幅下滑，1973 年为 −0.81 亿
美元，1974 年则接近零。在此之后，随着中国经济的发展，出口贸易开始
增加，外汇储备也开始大幅增长。

二、外汇管理制度

中华人民共和国成立之初至改革开放前，我国的外汇管理政策主要是
实行严格外汇集中计划管理，国家对外贸和外汇实行统一经营，外汇收支
实行指令性计划管理。所有外汇收入必须售给国家，用汇实行计划分配；
对外基本不举借外债，不接受外国来华投资；人民币汇率仅作为核算
工具。[①]

中华人民共和国成立之初，中国的外汇管理制度具体来讲包括以下
内容。[②]

第一，建立起外汇的结汇、售汇制度。结汇，即政府规定出口商品、
服务取得的外汇以及侨汇须卖给或存入国家银行。售汇，即政府规定进口

[①]　参见国家外汇管理局网站"机构职能"之"外汇管理历史沿革"。http：//www.safe.gov.
cn/wps/portal/sy/jgzn_lsygz。

[②]　吴念鲁.中国外汇储备研究——考量与决策 [M].北京：中国金融出版社，2014，8：33 −
34.

所需外汇或其他非贸易用途所需的外汇须向外汇管理机关申请，经批准后由国家银行卖给外汇。

第二，对外汇收支实行全面的有计划的管理。以非贸易部门为例，按照政策规定，中央部门所属单位的非贸易外汇收支计划由财政部负责汇总编制；地方与机关、企业的外汇收支计划和私人外汇的收支计划由中国人民银行负责汇总编制。对于贸易部门，则实行外贸专营制度，只有外贸部所属的国营进出口公司才能经营外汇业务；进出口都按国家核定的指令性计划执行；若某企业因进口需要外汇，则必须在有关部门编制外汇使用计划，否则企业无权买入和使用外汇；中国人民银行同外贸部门签订了代理收付外汇合同，按照事先核定的进出口外汇收支计划，监督外汇收付。

第三，对非贸易外汇实行严格管理。规定一切机关、学校、企业等，凡持有外汇或有外汇收入的，必须将外汇卖给或存入国家银行，不得私自留用；对于预算项下的外汇收支，则应按照节约的精神不用或少用；责成财政部、中国人民银行等部门切实建立审核计划，检查外汇使用情况。

第四，建立外汇指定银行的管理制度。中华人民共和国成立后，建立了人民币、外币以及金银的进出口国境管理制度，严格禁止私自携带或邮寄人民币、外币和金银出境。另外，出台了措施，即外汇指定银行管理制度。1950～1953 年，在全国核准了 53 家银行经营外汇业务，后将外汇指定业务的经营权集中到中国银行。

第二节　改革开放至加入世界贸易组织前
中国外汇储备的变化

1978 年中国进入改革开放阶段，这一时期，中国的外汇管理先后经历了外汇留成、银行结售汇制度两个阶段；中国的汇率制度也从汇率双轨制过渡到单一汇率制。到加入世界贸易组织以前，中国的外汇管理体制经历了重大变革，与之对应，外汇储备存量也进入快速增长时期。

一、外汇储备的规模变化

改革开放初期，1978 年我国的外汇储备①存量仅为 1.67 亿美元（见图 1.2）。1980 年，为支付大庆炼油厂、宝山钢铁厂一期工程等进口用汇，中国的国家外汇存量大幅下降，一度达到 - 12.96 亿美元。

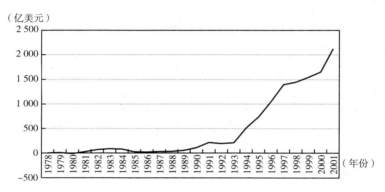

图 1.2　1978～2001 年中国外汇储备情况

资料来源：国家外汇管理局网站。

1980 年以后，人民币汇率进行了数次较大的调整，人民币兑美元汇率从 1981 年的 1 : 1.5，经数次调整后下调到 1990 年的 1 : 5.2。② 人民币汇率的持续调整有效地鼓励和刺激了出口。另外，随着资本项目下外商直接投资的大幅流入，中国的国家外汇库存增长较快，1990 年首次突破 100 亿美元，1991 年则达到了 217.12 亿美元。

1994 年，中国外汇管理体制改革的重大举措之一是结束了双重汇率制

---

① 这里的外汇储备是指国家外汇库存，国家外汇库存与中国银行的外汇结存、中国的黄金储备、中国在国际货币基金组织的储备头寸和特别提款权，共同构成了中国总的对外支付能力。1993 年起，参照国际同行做法，经国务院批准，国家外汇储备不再包含中国银行的外汇结存。

② 阳月梅. 人民币汇率一再下调引起的新问题 [J]. 金融研究，1991（5）：59 - 61，54.

度，人民币官方汇率与市场汇率并轨，实行以外汇市场供求为基础的单一的有管理的浮动汇率制。人民币官方汇率从 1 美元兑换 5.78 元人民币一次性下调到 8.7 元人民币，相对贬值 50% 左右，实现了与外汇调剂市场汇率的并轨。① 从 1994 年开始，人民币汇率略有升值，到 1995 年年底，基本稳定在 1 美元兑 8.30 元人民币，直至 2005 年中国汇率制度改革之前，人民币兑美元汇率基本稳定在 8.27 左右（见图 1.3）。

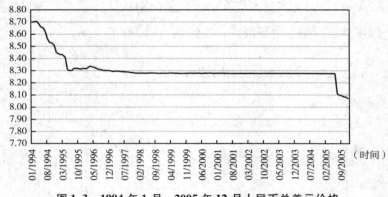

图 1.3　1994 年 1 月~2005 年 12 月人民币兑美元价格

资料来源：CEIC。

另外，自 1994 年起，随着我国外汇体制改革取消了外汇留成制度，同时取消了对经常项目实行的强制结售汇制度，中国的国家外汇储备获得了较快增长。1996 年首次突破千亿美元，达到 1 050.29 亿美元；仅仅五年时间，2001 年则突破 2 000 亿美元，达到 2 121.65 亿美元。

二、外汇管理的历史沿革

从改革开放至中国加入世界贸易组织前，这一时期的外汇管理可以划分为两个重要阶段。

① 裴平. 汇率并轨对改善我国进出口状况的效用 [J]. 经济研究, 1994 (11): 35-40.

（一）外汇管理体制改革起步期（1978～1993 年）

1978～1993 年，这一阶段可以视为外汇管理体制改革起步阶段。这一阶段以增强企业外汇自主权、实行汇率双轨制为特征。

1. 实行外汇留成办法与额度账户管理

1978 年，中共十一届三中全会正式宣布我国开始实行改革开放的总方针。在涉外经济领域，过去外汇统收统支的体制逐步松动，赋予出口企业一定的外汇自主权。为调动出口企业创汇的积极性，确保有限的外汇资源集中用于国民经济建设，从 1979 年开始实行外汇留成办法，在外汇集中管理、统一平衡、保证重点的同时，适当留给创汇的地方和企业一定比例的外汇，并允许持有留成外汇的单位把多余的外汇额度转让给缺汇的单位。

2. 汇率体制从单一汇率制转为双重汇率制

为鼓励外贸企业出口的积极性，我国的汇率体制从单一汇率制转为双重汇率制。经历了官方汇率与贸易外汇内部结算价并存（1981～1984 年）和官方汇率与外汇调剂价格并存（1985～1993 年）两个汇率双轨制时期。

改革以前，人民币汇率长期低于出口创汇成本，但高于国内外消费物价之比。为了扩大出口，人民币需要贬值，不过人民币贬值对非贸易外汇收入不利。从兼顾贸易和非贸易两方面的需要出发，1979 年 8 月政府决定自 1981 年 1 月 1 日起在官方汇率之外实行贸易内部结算汇率，对外贸易的外汇内部结算价规定为按 1978 年全国出口平均换汇成本再加 10% 的利润计算（1 美元折合 2.8 元人民币），外汇内部结算价明显低于官方汇率。至于官方牌价则是继续采用原来参照"一篮子"货币加权的计算方法。双重汇率体制明显调动了出口企业的积极性，国家外汇储备也有所增加。

3. 建立了引进外资的管理制度

这一时期，我国还建立了引进外资的管理制度以及外债管理制度。

在利用外资方面，1988年，国务院制定了《指导吸收外资投资方向暂行规定》，对具体投资项目给出明确指引。同时，加强对外商投资企业的外汇管理，包括对外汇投资企业外币计价结算、外汇收支平衡等进行管理。对于外商投资企业的外汇余缺，国家允许其通过外汇调剂市场进行外汇余缺调整。

在外债管理方面，主要实行计划管理，编制长期计划和年度计划，编制对外开展工作项目计划和对外偿付计划。另外，1987年8月颁布了《外债统计监测暂行规定》，1989年11月颁布《外债登记实施细则》和《外汇（转）贷款登记管理办法》等，授权国家外汇管理局为全国外债登记的管理部门。

4. 建立了对境外投资的外汇管理制度

我国企业对外投资管理制度建立于1989年。最初的《境外投资外汇管理办法》规定，在境外投资的企业或其他经济组织，境外投资过程中有关外汇方面的事宜均由国家外汇管理局及其分支机构负责管理。企业境外投资报批审批事宜由原国家计委、原对外经济合作部和各省市政府指定的综合部门负责。

事实上，我国于1979年由国务院批准设立国家外汇管理局，由国家外汇管理局管理全国外汇。但此时的国家外汇管理局与中国银行总行是一个机构两块牌子。1982年7月，国务院批转中国人民银行的报告明确指出，中国人民银行是中国的中央银行，主要职能之一即为统一管理外汇、金银，管理国家外汇储备和黄金储备，制定人民币汇率。同年8月，国务院将国家外汇管理局划归中国人民银行领导。因此，此时的国家外汇管理局与中国银行总行彻底分开，但当时仍明确统一经营国家外汇的职能不变。1988年6月，国务院决定国家外汇管理局为国务院直属局级机构，由中国人民银行代管。1989年12月，国家外汇管理局升格为副部级单位，仍由中国人民银行归口管理。①

5. 建立国际收支统计制度

1980 年我国恢复在国际货币基金组织的合法席位。按照国际货币基金组织的要求，我国于 1980 年试编了 1980 年的国际收支平衡表。1981 年 8 月，原国家外汇管理总局会同国家统计局召开了国际收支统计工作会议，决定由原国家外汇管理总局承担编制国际收支平衡表，由此填补了我国国际收支统计的空白，建立起了国际收支统计制度。国际收支统计制度的建立有利于满足国家利用外资的需要，尤其是申请国际货币基金组织集团的长期低息优惠贷款。我国在 1985 年由国家外汇管理局公布了我国 1982 ~ 1984 年的国际收支概览，此后每年公布国际收支状况。

总体来看，这一阶段，外汇管理体制处于由计划体制开始向市场调节转变的过程，计划配置外汇资源仍居于主导地位，但市场机制的萌生和不断发展，对于促进吸引外资、鼓励出口创汇、支持国内经济建设发挥了积极作用。

（二）外汇管理体制框架初步确定阶段（1994 ~ 2000 年）

1994 年，国家对外汇管理体制进行了重大改革，包括取消外汇留成制度，实行银行结售汇制度，实行以市场供求为基础的、单一的、有管理的浮动汇率制度，建立统一规范的外汇市场等。从 1994 年汇率并轨到中国加入世界贸易组织之前，中国的外汇管理体制改革主要包括以下层面的内容。

1. 取消外汇留成制度，实行银行结售汇制度

1994 年，国家取消外汇留成制度，实行银行结售汇制度，这是我国外

---

① 参见：吴念鲁. 中国外汇储备研究——考量与决策 [M]. 北京：中国金融出版社，2014，8：38.

汇管理制度的重大变革。

结售汇是结汇与售汇的统称。结汇是指境内所有企事业单位、机关和社会团体等取得外汇收入后，按照国家外汇管理条例的规定，将外汇收入按照银行挂牌汇率，出售给外汇指定银行，外汇指定银行给付本币。结汇分为强制结汇、意愿结汇和限额结汇等多种方式。强制结汇，是指所有外汇收入必须卖给外汇指定银行，不允许保留外汇；意愿结汇，是指外汇收入可以卖给外汇指定银行，也可以开立外汇账户保留，结汇与否由外汇收入所有者决定；限额结汇，是指外汇收入在国家核定的限额内可以不结汇，超过限额必须卖给外汇指定银行。售汇是指外汇指定银行将外汇出售给境内企事业单位、机关、社会团体或个人，以满足其对外支付的用汇需求。购买外汇的单位或个人可按照国家外汇管理条例规定，持有关证件、文件材料等，使用人民币到外汇指定银行购买所需外汇。

原《中华人民共和国外汇管理条例》规定，境内机构的经常项目外汇收入应当卖给外汇指定银行，或者经批准在外汇指定银行开立外汇账户。因此，我国采取的是强制结汇和意愿结汇两种形式，对一般中资企业经常项目外汇收入实行强制结汇，对年进出口总额和注册资本达到一定规模、财务状况良好的中资企业和外商投资企业实行限额结汇。

2. 人民币官方汇率与外汇调剂市场汇率并轨

1994 年汇率并轨之前，我国实行官方汇率与外汇调剂市场汇率并存的双重汇率制度。其中，官方汇率主要调节计划内的外汇收支行为，市场汇率主要调节计划外的外汇收支行为。双重汇率制度与社会主义市场经济体制建立之前，我国长期实行计划分配与市场调节并行的经济双轨制相一致，但方向是不断提高市场调节外汇收支行为的比重。

到汇率并轨前夕，使用官方汇率的外汇收支行为仅占到 20%，使用市场汇率的比重（即外汇留成的比重）达到 80%。其中，官方汇率实行的是有管理的浮动；市场汇率自 1988 年 4 月起开始自由浮动，直到 1993 年 2 月重新限价，并于当年 7 月再次放开限价。当时，还没有全国统一的外汇市场，而是一个个划地而治的调剂市场或中心。汇率并轨之前的 1992 年和 1993 年，中国经济结束 1989 年以来的调整，分别增长 14.3% 和 13.9%，经济出现过热迹象。1993 年 7 月，政府出台一系列治理整顿财政金融秩序的措施，并首次以抛售外汇储备的市场化方式干预外汇调剂市场，将市场汇率稳定在 8.70 左右并放开限价，直至 1994 年初汇率并轨。同时，要求银行严控对有汇不卖或者买汇不用企业的贷款，甚至收回贷款或调入的外汇。[①]

经济过热、汇率贬值是 1994 年实行人民币官方汇率与外汇调剂市场汇率并轨的重要背景。

3. 实现人民币经常项目可兑换

1994 年，我国实行有条件的经常项目可兑换，绝大部分经常项目交易的用汇和资金转移不受限制，但仍存在若干经常项目的汇兑限制。1996 年 12 月，我国接受国际货币基金组织协定的第八条第二、第三、第四节业务，全部取消了所有经常性国际支付和转移的限制，实现人民币经常项目可兑换。

4. 审慎推进资本账户可兑换

1997 年，亚洲金融危机爆发，给中国经济发展与金融稳定造成严重冲击。为防止危机进一步蔓延，保持国民经济持续发展，中国做出人民币不贬值的承诺，并重点加强资本流出的管制，成功抵御了亚洲金融危机的冲击。金融危机的爆发使得中国政府充分认识到资本账户开放可能引致的潜在金融风险，此后中国政府走上了一条渐进、审慎、可控的资本账户开放道路。[②]

5. 建立统一规范的外汇市场

1994 年 1 月 1 日起，我国取消中资自营商，外汇调剂通过外汇指定银

---

① 参见：管涛. 从 1994 年汇率并轨看当前如何进行汇改［EB/OL］. 搜狐财经，2016 – 03 – 07，http：//business. sohu. com/20160307/n439579283. shtml.

② 张明. 中国资本账户开放：行为逻辑与情景分析［J］. 世界经济与政治，2016（4）：139 – 155.

行和经营外汇业务的其他金融机构代理进行。1994 年 4 月 4 日，中国外汇交易系统启动运营，全国统一、规范的银行间外汇市场在上海正式建立。银行间外汇市场主要为外汇指定银行平补结售汇头寸余缺及其清算提供服务，外汇指定银行为交易主体，外汇管理部门对银行结售汇周转头寸实行上下限额管理，对于超过或不足限额的部分，银行可通过银行间市场售出或补充。1994 年外汇管理体制改革以后，中国的外汇交易市场无论是结构、组织形式、交易方式还是交易内容都与国际规范化的外汇市场更加接近。

6. 建立国际收支申报制度

1995 年，国务院批准并由中国人民银行于 1995 年 9 月 14 日发布了《国际收支统计申报办法》，自 1996 年 1 月 1 日起开始实施。国际收支统计申报范围为中国居民与非中国居民之间发生的一切经济交易以及中国居民对外金融资产、负债状况。

总体来看，这一阶段，我国初步确立了适合国情、与社会主义市场经济体制相适应的外汇管理制度框架，外汇供求的市场基础不断扩大，奠定了市场机制配置外汇资源的基础性地位。[①]

第三节　加入世界贸易组织至今中国
外汇储备的变化

2001 年 12 月，中国正式成为世界贸易组织成员。中国加入世界贸易组织以后大幅降低关税，通过削减关税和非关税措施，进一步开放了市场，进

---

① 参见国家外汇管理局网站"机构职能"之"外汇管理历史沿革"。http：//www. safe. gov. cn/wps/portal/sy/jgzn_lsygz。

口快速增长。中国的改革开放和现代化建设进程也不断加快，与之对应，中国的外汇储备规模进入快速增长阶段，于 2014 年达到历史上的峰值。另外，中国的外汇管理体制发生了重要变化，在多方面取得了阶段性成果。

一、加入世界贸易组织以来外汇储备规模的演变

加入世界贸易组织以来，随着中国更深入地融入世界经济，中国外汇管理体制进一步深化。同时，中国的外汇储备规模进入迅速增长阶段。2002 年，中国的外汇储备存量为 2 864.07 亿美元，2004 年则达到 6 099.32 亿美元。2005 年汇率制度改革以后，中国的外汇储备存量在 2006 年首次超过 1 万亿美元，并从 2006 年起超过日本，成为世界上持有外汇储备最多的国家。2014 年，中国外汇储备存量达到历史最高值，接近 4 万亿美元（38 430.18 亿美元）。具体如图 1.4 所示。

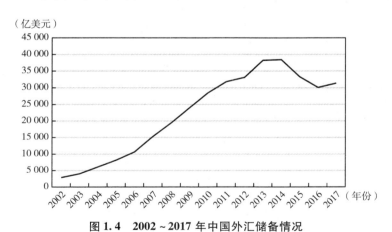

（亿美元）

图 1.4 2002~2017 年中国外汇储备情况

资料来源：国家外汇管理局网站。

中国外汇储备迅速累积的主要原因从国际收支的角度看，是中国持续的经常项目顺差以及资本与金融项目顺差的结果。1999~2011 年，中国的双顺差格局导致外汇储备存量的急剧增加（见图 1.5）。2012 年，中国的

金融账户出现了 360 亿美元逆差，同年，经常账户顺差 2 154 亿美元，因此，2012 年中国的外汇储备存量仍然增加了 966 亿美元。2013 年，中国的国际收支状况重新回到双顺差格局，外汇储备存量也相应增加了 4 314 亿美元。自 2014 年起连续三年中国的非储备性质金融账户出现逆差，尤其是 2015 年和 2016 年，非储备性质金融账户分别出现了 4 345 亿美元和 4 161 亿美元的逆差，直接导致中国的外汇储备存量在两年内减少近 8 000 亿美元，2016 年底中国的外汇储备存量下降至 30 105.17 亿美元。[①] 2017 年，随着经常账户与非储备性质金融账户的双顺差，中国的外汇储备增加至 31 399.49 亿美元。

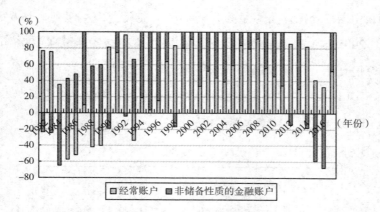

图 1.5　1982～2017 年中国经常账户与非储备性质金融账户百分比堆积图

资料来源：国家外汇管理局网站，中国国际收支平衡表时间序列数据（BPM6）。

二、加入世界贸易组织以来外汇管理体制的改变

加入世界贸易组织以来，中国以市场调节为主的外汇管理体制进一步完善，随着中国加速融入全球经济，对外开放进一步扩大，国际收支持续

---

①　相关外汇储备的变动数据以及经常账户、非储备性质的金融账户数据来自国家外汇管理局网站公布的中国国际收支平衡表时间序列数据（BPM6）最新数据。

大额顺差，对国民经济的影响日益增强。为了适应国民经济的新形势，外汇管理体制改革向纵深推进。[①]

1. 积极促进贸易投资便利化

在促进贸易投资便利化方面，主要包括两方面内容。第一，放宽企业开立外汇账户保留外汇的条件。2001 年，允许符合年度出口收汇额等值200 万美元以上、年度外汇支出额等值 20 万美元以上等条件的企业，经外汇管理部门批准后开立外汇结算账户，保留一定限额的货物出口、服务贸易等外汇收入。2002 年，取消开户条件限制，凡有外贸经营权或经常项目外汇收入的企业，均可经外汇管理部门批准开立经常项目外汇账户。2006年，进一步取消开户事前审批，企业无须经外汇局批准即可直接到银行开立经常项目外汇账户。第二，提高外汇账户内保留外汇的限额。2002 年，账户限额为企业上年度经常项目外汇收入的 20%，2004 年，提高到 30%或 50%。2005 年，进一步提高到 50% 或 80%。2006 年，改变之前仅按收入核定限额的方法，按照企业上年度经常项目外汇收入的 80% 与经常项目外汇支出的 50% 之和核定限额，企业可保留的外汇限额进一步提高。2007年，取消账户限额管理，允许企业根据经营需要自主保留外汇。

2008 年 8 月，国务院发布修订后的《中华人民共和国外汇管理条例》，明确企业和个人可以按规定保留外汇或者将外汇卖给银行。2009 年以来，为了进一步促进贸易投资便利化，提高政策透明度，外汇管理部门大力开展法规清理，共宣布废止和失效 400 余个外汇管理规范性文件。涉及强制结售汇的规范性文件被宣布废止、失效或修订。目前，强制结售汇政策法规均已失去效力，实践中不再执行。[②] 企业和个人持有和使用外汇的政策

---

① 参见国家外汇管理局网站"机构职能"之"外汇管理历史沿革"。http：// www. safe. gov. cn/wps/portal/sy/jgzn_lsygz。

② 扩大企业保留外汇自主权等相关信息参考国家外汇管理局官方网站，2012 年 4 月 16 日发布的"强制结售汇制度退出历史舞台 企业和个人可自主保留外汇收入"。http：// www. safe. gov. cn/wps/wcm/connect/safe_web_store/safe_web/whxw/ywfb/node_news_ywfb_store/79e7e5004ae729cfbe92beed8ff4845d?digest = juf60otiovivv13ubmbnfw。

更加便利。

2. 稳步推进资本项目开放

在推进资本项目开放方面，2002 年 11 月 8 日，中国证监会和中国人民银行联合下发《合格境外机构投资者境内证券投资管理暂行办法》（简称《办法》），标志着合格的境外机构投资者（qualified foreign institutional investors，QFII）制度在中国内地的确立和实施。2003 年 6 月，保监会公布了《关于保险外汇资金投资境外股票有关问题的通知》，保险外汇资金可投资境外成熟资本市场证券交易所上市的股票。2005 年，中国正式将资本项目可兑换作为"十一五"工作计划的主要内容。2006 年 4 月，随着《商业银行开办代客境外理财业务管理暂行办法》的发布，合格境内机构投资者（qualified domestic institutional investors，QDII）制度正式启动。2011 年，我国对外汇管理又作出了进一步调整，对部分用于资本项目交易的审核流程进行简化。

2013 年 11 月，中共十八届三中全会报告指出，要"推动资本市场双向开放，有序提高跨境资本和金融交易可兑换程度，建立健全宏观审慎管理框架下的外债和资本流动管理体系，加快实现人民币资本项目可兑换"。[1]

2014 年 4 月 25 日，国家外汇管理局宣布，为切实服务实体经济，促进贸易投资便利化，支持产业结构转型升级，探索投融资汇兑便利，在 2012 年年底以来试点基础上，决定自 2014 年 6 月 1 日起实施《跨国公司外汇资金集中运营管理规定（试行）》，深化跨国公司外汇资金集中运营管理改革试点。[2] 跨国公司外汇资金集中运营试点、直接投资资本金意愿结

---

[1] 中国共产党第十八届中央委员会第三次全体会议：《中共中央关于全面深化改革若干重大问题的决定》，中国共产党新闻网，http：//cpc. people. com. cn/n/2013/1116/c64094 - 23561785 - 3. html。

[2] 中央政府门户网站，《我国深化跨国公司外汇资金集中运营管理改革试点》，http：//www. gov. cn/xinwen/2014 - 04/25/content_2666825. htm。

汇等资本项目改革已全国推广，人民币可兑换程度进一步提升。

2015年10月，中国共产党第十八届中央委员会第五次全体会议通过的《中共中央关于制定国民经济和社会发展第十三个五年规划的建议》指出，要"扩大金融业双向开放。有序实现人民币资本项目可兑换，推动人民币加入特别提款权，成为可兑换、可自由使用货币。转变外汇管理和使用方式，从正面清单转变为负面清单。放宽境外投资汇兑限制，放宽企业和个人外汇管理要求，放宽跨国公司资金境外运作限制。加强国际收支监测，保持国际收支基本平衡。推进资本市场双向开放，改进并逐步取消境内外投资额度限制"。①

3. 加强跨境资金流动管理

2008年金融危机以来，针对跨境资金流动规模的增加和资金流向的快速变化，以及市场主体便利化需求不断增长的现实，外汇管理在管理理念和方式上实现了"五个转变"，即从重审批转变为重监测分析、从重事前监管转变为强调事后管理、从重行为管理转变为更加强调主体管理、从"有罪假设"转变到"无罪假设"、从"正面清单"（法无明文授权不可为）转变到"负面清单"（法无明文禁止即可为）。随着逐笔匹配核销等传统管理手段的退出，外汇管理事前审批大幅减少，监管重心转向事中事后管理，跨境资本流动监测预警能力不断强化，逐步构建宏观审慎管理框架下的外债和资本流动管理体系。②

4. 健全国际收支统计监测

国际收支统计数据是一国对外经济状况的综合反映，是进行宏观经济决策的重要依据。随着人民币资本账户可兑换程度的变化，适时完善

---

① 中国共产党第十八届中央委员会第五次全体会议：《中共中央关于制定国民经济和社会发展第十三个五年规划的建议》，中国共产党新闻网，http：//cpc. people. com. cn/n/2015/1103/c399243 - 27772351. html。

② 参见国家外汇管理局网站"机构职能"之"外汇管理历史沿革"。http：//www. safe. gov. cn/wps/portal/sy/jgzn_lsygz。

国际收支统计体系、健全国际收支统计检测是十分必要的。2013 年 11月，国务院总理李克强签署国务院第 642 号令，公布《国务院关于修改〈国际收支统计申报办法〉的决定》，自 2014 年 1 月 1 日起施行。本次修订在国际收支统计范围方面特别强调了包括中国居民对外金融资产、负债状况存量的统计，另外，修订后的《国务院关于修改〈国际收支统计申报办法〉的决定》将在中国境内发生经济交易的非中国居民也纳入申报主体范围。

5. 完善外汇储备经营管理

2005 年以后，随着人民币汇率弹性的不断增强，外汇管理方式也从重点管外汇流出转为流出入均衡管理，逐步建立起资本流动双向均衡管理的制度框架，在 2008 年新修订的《中华人民共和国外汇管理条例》中确立了均衡监管思路。另外，建立了投资基准经营管理模式和风险管理框架，不断完善大规模外汇储备经营管理的体制机制。在 2008 年的国际金融危机全面爆发以后，国家外汇管理局及时启动应急机制，积极防范可能发生的国际收支逆转引发的金融风险，确保外汇储备资产的总体安全。①

第四节　中国外汇储备规模变化的影响因素

从中华人民共和国成立开始，中国的外汇储备规模经历了巨大的变化。分析外汇储备规模变化的原因，有助于提高外汇储备管理的效率，本节将对影响中国外汇储备规模变化的因素进行总结。

---

① 参见国家外汇管理局网站"机构职能"之"外汇管理历史沿革"。http://www.safe.gov.cn/wps/portal/sy/jgzn_lsygz。

一、国内经济发展状况对外汇储备规模的影响

从国际收支平衡表上看，一国获取外汇储备的渠道，主要来自经常账户的资本净流入以及资本与金融账户的资本净流入。因此，一国经济的对外开放度以及经济发展状况将对外汇储备规模产生重要影响。

以经常账户为例，经常账户记录了一国的商品贸易收支，即有形货物的进出口，及服务贸易收支，即诸如旅游、银行及保险等各种服务的往来。按照经济学传统分析的假定，一国的进口规模主要取决于国民收入和国内外商品的相对价格，出口规模主要取决于外国收入和国内外商品的相对价格。当国内经济增速较快时，进口规模也相对增长较快；当国内商品与服务的价格较之国际商品与服务更具竞争力时，有利于增大本国的出口规模。从图 1.6 可以看出，随着中国改革开放，中国的经济增长速度以及经济规模不断提升和扩大，中国经常账户的"借方"数据——体现中国经常账户进口规模的相关数据不断增加，于 2011 年超过 2 万亿美元，达到20 726 亿美元。与此同时，中国经常账户的"贷方"数据——体现中国经常账户出口规模的指标也不断增加，2011 年首次超过 2 万亿美元，达到22 087亿美元，2014 年更是达到历史性峰值，为 27 434 亿美元。经常账户对应的净出口情况，1982～2017 年中国的经常账户始终处于顺差状态。因此，经常账户顺差带来的外汇储备规模的增加也成为中国最主要、最稳定的储备来源，这部分储备通常被称为债权型的外汇储备。

另外，一国经济持续稳定的增长也有利于吸引外资流入，从而增加一国的外汇储备。图 1.7 展示了改革开放以来中国的经济增长状况。1978 年，中国的国内生产总值（GDP）仅为 3 678.7 亿元人民币，1986 年首次突破 1 万亿元人民币，此后仅仅五年时间，中国的 GDP 规模就翻了 1 倍，1991 年达到2.2 万亿元人民币。1994 年在 1991 年的基础上再次增加 1 倍，达到 4.9 万

亿元人民币。随着中国加入世界贸易组织，中国的 GDP 规模再创新高，2006
年达到 21.9 万亿元人民币，到了 2016 年已经超过 70 万亿元人民币。

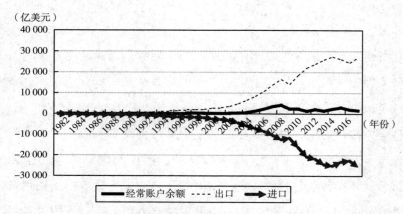

图 1.6 1982～2017 年中国经常账户状况

资料来源：国家外汇管理局国际收支平衡表时间序列数据。

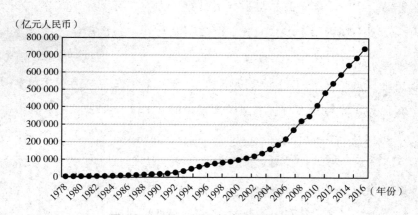

图 1.7 1978～2016 年中国 GDP 规模

资料来源：国家统计局。

二、外汇管理制度对外汇储备规模的影响

中国的外汇管理制度是随着中国经济的发展状况不断做出调整的。在

中华人民共和国成立之初，当时的外汇储备极度匮乏，对外汇的需求超过了外汇供给，在这样的背景下，中国实施了集中管理外汇的外汇管理体制，为当时的经济建设筹集了大量外汇，对当时的经济发展起到了积极的作用。

从利用外资的角度看，1978 年改革开放之前，我国基本不存在利用外商直接投资的制度安排。1979 年 7 月，随着《中华人民共和国中外合资经营企业法》的出台，外商投资有了制度性安排。自此开始，中国利用外商直接投资的规模也开始迅速增长，从最初的不到 10 亿美元，到 1992 年首次突破百亿美元（112 亿美元），2005 年则超过了 1 000 亿美元。2013 年达到历史性峰值，接近 3 000 亿美元（见图 1.8）。

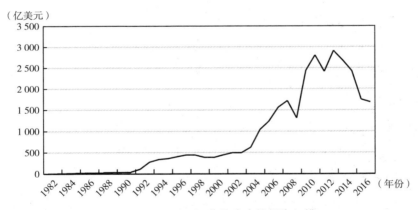

图 1.8　1982～2017 年外商直接投资规模

资料来源：国家外汇管理局国际收支平衡表时间序列数据。

近年来，我国的引资政策不断完善。2017 年国务院出台了两个重要的利用外资文件，即《关于扩大对外开放积极利用外资若干措施的通知》和《关于促进外资增长若干措施的通知》。另外，在全国实行了外商投资准入负面清单管理制度，2015 年和 2017 年先后两次修订《外商投资产业指导目录》，对外资准入的限制领域缩减了 65%，实行了以备案为主的外资管理体制改革，目前 96% 以上的外资实行属地备案。2017 年中国吸引外商直接投资达到了 1 310 亿美元，居世界第二。① 外商直接投资的增加，会直接带来外汇流入，增加外汇储备规模。

因此，中国利用外资体制的变化以及外贸体制和对外开放体制的变化，对中国的外汇储备规模均产生了深刻的影响。

三、国际经济形势对外汇储备规模的影响

影响一国外汇储备规模的因素除了国内的经济因素、政策因素以外，还受到国际经济形势的影响。尤其是国际金融危机引发的大规模跨境资本流动，通常对一国的外汇储备规模产生巨大影响。

通常，国际收支平衡表中的误差与遗漏项被作为计算短期国际资本流动的重要指标之一（张明，2011）。而金融危机期间，短期跨境资本流动通常更为频繁。从图 1.9 可以看出，2008 年金融危机以后，中国面临的短期资本流出日益严峻，尤其是 2015 年第三季度，误差与遗漏项下对应的规模为 −875 亿美元，这与 2015 年中国金融市场压力较高有密切关联（王立荣，C. 詹姆斯·洪，2018）。与此对应，中国外汇储备在 2015 年第三季度减少了 1 605 亿美元。

如果对中国的短期资本流动进行高频估算，则可以获得短期资本流动（流入）的月度数据，计算公式如下（张明，2011）：

短期资本流动 = 月度外汇占款增量 − 月度出口与进口差额
− 月度实际利用 FDI

其中，月度外汇占款数据来自中国人民银行官方网站的"货币当局资产负债表"中央行口径外汇占款，2016 年 1 月，央行首次在金融机构人民币信

---

① 转引自人民网，"中国吸引外商直接投资规模居世界第二"，2018 年 3 月 7 日，http：// news. china. com/internationalgd/10000166/20180307/32165712. html。另外，人民网关于 2017 年中国吸引外商直接投资数据与图 1.8 中来自国际收支平衡表"直接投资"项下"负债"项的数据略有差异。

贷收支表中公布中央银行外汇占款，为保持数据口径一致，图 1.10 中的外汇占款数据口径均为央行口径的外汇占款。[①] 外汇占款数据单位为亿元人民币，在将单位转化为美元单位时，使用了人民币兑美元即期汇率的月度数据，汇率数据来自 CEIC；月度进出口差额及实际利用 FDI 数据来自中经网。

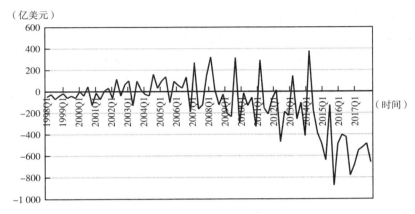

图 1.9　1998Q1～2017Q4 中国国际收支的误差与遗漏

资料来源：国家外汇管理局国际收支平衡表时间序列数据。

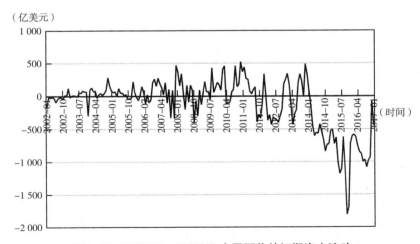

图 1.10　2002M1～2017M3 中国面临的短期资本流动

---

　① 2001 年 9 月、11 月央行口径外汇占款数据缺失，故本书选用的央行口径外汇占款存量数据从 2001 年 12 月开始。

图 1.10 的测算显示，2007 年有 4 个月份出现了资本外流，2008 年 10 月~2009 年 1 月，流出中国的资本规模合计 717 亿美元。2008 年 1~9 月，短期资本持续流入中国，规模合计 2 316 亿美元。比较明显的现象是 2016 年 1 月，出现了短期资本流出的最大规模点，单月流出资本 4 337 亿美元。

月度数据很好地反映出资本流动在金融危机期间的逆转。根据图 1.10 的数据，从 2014 年 4 月起，资本持续流出中国，这与中国外汇储备自 2014 年 6 月起持续下降的现象吻合。因此，国际经济冲击引发的跨境资本，是一国外汇储备变化的重要影响因素。

第二章
资本账户开放与外汇储备管理

资本账户开放与一国的外汇储备管理密切相关。本章首先阐述资本账户开放影响外汇储备管理的理论基础；其次对典型经济体的资本账户开放历程及其外汇储备管理进行总结，以期获得各经济体资本账户开放进程中的外汇储备管理经验。

第一节　资本账户开放影响外汇储备管理的理论基础

资本账户开放意味着允许资本跨境流动，而资本的跨境流动往往容易引发一国货币对外价值的波动，即汇率的不稳定。若一国在开放资本账户的同时，选择固定汇率制度，则意味着该国应该持有充足的外汇储备以保持本国汇率的相对稳定，因此，资本账户开放对于一国的外汇储备管理将产生深刻影响，这也是国际经济领域著名的"三元困境"理论的核心思想。

一、"三元困境"理论的核心思想

传统的开放经济三难选择（monetary trilemma），也称"三元困境"或"三元悖论"，是基于资本流动假设下的蒙代尔—弗莱明模型（蒙代尔，1963；弗莱明，1962）。该模型指出，资本自由流动、货币政策独立性以及固定汇率制度不能同时实现，实现其中的两个目标就意味着放弃第三个目标①②（见图2.1）。若保证货币政策有效，则固定汇率制度和资本自由流动不可能同时存在，即固定汇率制度和资本自由流动之间存在矛盾，也称为二元冲突。就其本质而言，蒙代尔—弗莱明模型分析的是在资本自由流动条件下的二元冲突问题，论述了资本自由流动、固定汇率制度和货币政策独立性三者不能兼得的关系。

图 2.1　三元困境

以资本自由开放与固定汇率制度的组合为例，中国香港从1983年开始实施货币局制度，即联系汇率制度，在联系汇率制度下，港元按7.80港元兑1美元的固定汇率与美元挂钩。根据货币局制度的规定，货币基础的流

① Mundell R A. Capital Mobility and Stabilization Policy under Fixed and Flexible Exchange Rates [J]. Canadian Journal of Economics and Political Science/Revue Canadienne De Economiques et Science Politique，1963，29（04）：475－485.

② Fleming J M. Domestic Financial Policies under Fixed and under Floating ExchangeRates [J]. Staff Papers，1962，9（3）：369－380.

量和存量都必须得到外汇储备的十足支持。换言之，货币基础的任何变动必须与外汇储备的相应变动一致。因此，实施货币局制度的经济体其货币政策的独立性较低，主要受到其选择的锚货币发行国货币政策的影响，对其外汇储备的管理也产生了相应的硬性约束。

二、"三元困境"理论的最新研究进展

"三元困境"的最新研究进展主要体现在伦敦商学院教授海伦·雷伊（Rey）于2013年提出的"二元困境"和斯科恩梅克（Schoenmaker）在2013年提出的"金融三难"。

（一）二元困境

"三元困境"理论最重要的进展之一是由伦敦商学院教授海伦·雷伊于2013年提出的从根本上否定"二元困境"（impossible trinity 或 trilemma）的理论，也称为"二元悖论"或"两难选择"（irreconcilable duo 或 dilemma）。该理论的核心结论是：货币政策独立性成立的充分必要条件是资本账户通过宏观审慎政策被直接或间接管制，而与汇率制度无关。实行任何汇率制度的经济体，为实现国内的政策目标都将不可避免地受到全球经济中心国家货币政策的影响，除非该经济体采取某种程度的资本管制。①

雷伊的理论强调全球金融周期的重要作用。该理论分以下层次展开。

首先，验证国际金融市场上的重要变量。国际资本流动、信贷创造与

---

① Rey，Hélène. Dilemma not Trilemma：The Global Financial Cycle and Monetary Policy Independence［R］. In Global Dimensions of Unconventional Monetary Policy，2013 Jackson Hole Symposium Proceedings. 2013.

资产价格均受共同的因素影响，即与全球金融周期同步变动。第一，在影响国际资本流动的重要因素中，全球性因素（global factors）起到重要作用。[1] 发达经济体的经济增长率和实际利率存在明显的周期性，且这些因素是国际资本流动的重要推动因素（push factors）。福布斯（Forbes，2012）和沃诺克（Warnock，2012）、布鲁诺（Bruno，2013）和希恩（Shin，2013）强调资本集聚（surge in capital flows）往往与较低的 VIX[2] 值相对应，其中 VIX 是衡量市场的风险厌恶与市场不确定性的指标。第二，信贷增长与 VIX 也呈现出明显的负相关关系，且这种相关性在北美和西欧最强。杠杆与杠杆增长率在主要的金融中心，如北美、西欧和亚洲也表现为与 VIX 负相关。希恩（2012）的研究同样证实了这样的观点：2003～2007年危机前的阶段，信贷流动的增长率是非常高的；而在危机爆发后，信贷流动增长率非常低。国际资本流入和流出的模式均遵循着全球金融周期，而这一全球金融周期与世界市场的风险厌恶和市场的不确定性（用 VIX 来衡量）同步变化。同样的，银行部门的信贷创造和杠杆率也与全球金融周期同步（希恩，2012）。第三，对于资产价格的波动性，米兰达－阿格里皮诺（Miranda-Agrippino，2012）和雷伊（Rey，2012）使用五大洲858种风险资产价格的截面数据证实，风险补偿波动中的很重要的一部分（25%）可以用单一的全球性因素来解释。这一全球性因素与 VIX 存在较强的负相关关系。正如博里奥（Borio，2011）和迪西亚泰特（Disyatat，2011）所指出的，在信贷供给增长、资产价格泡沫与息差缩小之间存在正反馈环（positive feedback loop）。风险溢价较低会扩大信贷膨胀，而资产价格高涨也会使资产负债表表现出良好的状况且此时可衡

---

① Calvo, Guillermo A., Leonardo Leiderman, and Carmen Reinhart. Capital Flows to Developing Countries in the 1990s: Causes and Effects [J]. Journal of Economic Perspectives, 1996, 10 (2): 123 – 139.

② VIX 是芝加哥期权交易所市场波动率指数，是标准普尔500期权指数隐含波动率的衡量指标。

量的风险较低。这会放松在险价值的约束，从而为进一步的信贷扩张创造出更多空间。总之，VIX 是反映全球金融周期的重要指数，而国际资本流动、信贷创造与资产价格均表现出与 VIX 强烈的负相关关系，即与全球金融周期同步变动。

其次，分析全球金融周期的决定因素以及传导机制，尤其关注全球经济中心国家（美国）货币政策对全球金融周期的影响，同时考虑金融中介杠杆、信贷创造和信贷流动的具体状况。希恩（2012）指出，欧洲的国际银行在危机前是美元流动性的主要提供者。这些国际银行不仅向美国金融市场提供流动性，还向亚洲、拉丁美洲、非洲以及中东金融市场注入流动性。由于资本集聚，尤其是信贷流动，往往与世界范围的高杠杆率相联系，因此，中心国家创造的流动性通过跨境信贷流动得以在全球传播。于是，为了衡量金融脆弱性和总的信贷条件，有必要追踪总量资本流动（奥布斯特菲尔德，2012）。只有关注总的资本流动，才能对金融机构和居民的资产负债表中存在的货币错配与期限错配进行跟踪。而货币错配与期限错配是金融不稳定的主要来源。雷伊（2013）运用递归 VAR 模型，得出关键性结论：当联邦基金利率下降时，VIX（在大约 5 个季度后）下降，欧洲银行的杠杆率增加，总的信贷流动增加。当杠杆率较高且信贷充足时，利差被压缩，可衡量的风险下降，并进一步引起 VIX 的降低。于是，在宽松的货币政策、VIX 下降、信贷增加、资本流动增加、杠杆率增大和 VIX 进一步下降之间存在正反馈环。递归 VAR 模型显示，全球金融周期的重要决定因素之一是中心国家的货币政策，它影响国际银行的杠杆率、影响信贷流动和国际金融体系中的信贷增长。

基于以上分析，雷伊（2013）得出结论，跨境资本流动和全球性金融机构的杠杆作用会使得流动性在全球范围内得以扩散，无论经济体实行固定还是浮动汇率制度，只要资本是自由流动的，全球金融周期便会约束各经济体的货币政策。由于全球金融周期的重要决定因素是中心国家（美国）的货币政策，所以新兴市场很难做到其货币政策完全独立于美国的货币政策（或者说独立于全球金融周期），除非实行资本管制，因此，货币政策有效的前提是直接或间接的资本管制，而无关汇率是否浮动。因此，雷伊（2013）指出，传统的"三难"选择实际应该是"两难"（dilemma）选择。

"二元悖论"提出的前提是国际金融体系中的重要变量与全球金融周期同步变化，对于新兴经济体而言，在资本自由流动的背景下，各经济体国内的货币政策势必受到全球金融周期的影响，若要隔离这种影响从而增加货币政策的独立性，则应该采取资本管制措施。浮动汇率制度无法起到隔离全球金融周期的作用。"二元悖论"以全新的研究视角对资本流动、汇率稳定与货币政策独立性问题展开探讨，为后续研究提供了很好的研究基础。

（二）"金融三难"

值得注意的是，"二元悖论"与"三元悖论"一样，并未将外部均衡的目标延展至更为宽泛的领域。汇率稳定能够带来的好处是不言而喻的，然而仅仅维持汇率稳定这一目标在全球金融一体化背景下是存在局限性的。一个经济体为了实现汇率稳定可以运用外汇储备干预外汇市场，或采取临时性的资本管制以避免汇率的大幅度下跌。然而，比汇率稳定更为重要的目标应该是金融稳定。在全球金融一体化的大趋势下，金融稳定已经是一种公共产品（public good），甚至可以说是国际领域的公共产品。如何实现在经济内部均衡的同时保持金融稳定应该是政策制定者当下需要考虑的重要问题。将汇率稳定延展为金融稳定，也是"三元悖论"相关研究的最新和最重要的进展之一，即"金融新三难"。

2007~2009 年的全球性金融危机促使各国加强了对金融稳定的重视。2009 年，金融稳定理事会（FSB）成员扩展至包括中国在内的所有 G20 成员，旨在解决金融脆弱性问题，促进金融稳定。那么，在全球金融一体化不断加深的大背景下，一国如何在国家层面上保持金融稳定？在国际金融领域，蒂格森（Thygesen，2003）和斯科恩梅克（Schoenmaker，2005）提出，在全球层面上包括欧盟可能存在着"金融三难"（financial trilemma）。继而，斯科恩梅克（2013）在明确定义了金融稳定的基础上，从理论上论证了"金融三难"，这里称其为"金融新三难"，即：对金融政策的国家控制、全球金融一体化以及金融稳定。这三个目标是不相容的，任何两个目标的实现都需要放弃第三个目标，如图 2.2 所示。

图 2.2　"金融三难"

具体地，斯科恩梅克（2013）运用博弈论的分析方法，构造了"金融三难"的理论模型。该理论模型的核心思想是政策当局是否为陷入困境的银行（failing bank）补充资本金。当存在金融抑制时，政策当局需要决定为陷入困境的银行补充资本金或进行停业清算。如果选择补充资本金，则可能避免银行业出现多米诺骨牌效应从而保持金融稳定，这可以被视为补充资本金获得的社会收益。当社会收益大于补充资本金对应的成本时，社会计划者（social planner）将选择对问题银行补充资本金。如果在多个国家的范围内考虑这一问题，则充实问题银行资本金的社会收益会分为两部分：本国获得的社会收益与外国获得的社会收益。于是，单一国家的最终决策取决于博弈的最终结果。模型的结果显示，问题银行的国际化程度增加时，国内的金融政策不足以保持国内的金融稳定。对该结论最直接的解释是，国内政策制定者很少考虑国际性银行倒闭所带来的超越国界的外部性，而仅仅关注其对本国带来的影响，从而使得均衡解处于无效率状态（非合作的纳什均衡）。

奥布斯特菲尔德（Obstfeld，2015）也指出，金融全球化使得宏观经济管理变得更加困难。货币政策在实现诸多国内经济目标时，其政策效果受到很大影响，这也使得新的宏观经济政策和金融政策能够带来更大的边际价值。奥布斯特菲尔德（2014）承认，金融领域的"三难选择"意味着，在资本自由流动的情况下，一国宏观审慎政策的效果大打折扣。虽然奥布斯特菲尔德（2015）认同雷伊（2013）关于全球金融中心国家的货币政策会通过跨境的信贷流动和杠杆作用传导至外围国家，从而影响外围国家（尤其是新兴市场）货币政策的独立性，但仍然强调汇率制度在这一传导过程中的重要作用，认为传统的"三难困境"仍然有效。尽管传统的"三难困境"依然存在，但金融全球化使得这种政策权衡的难度大大增加，金融领域的"新三难"选择正变得日益重要。全球化使得货币政策的运用存在更大的局限性，即使是实行浮动汇率的国家也面临同样的问题。于是，更大的问题在于开放经济条件下保证金融政策有效的难度大大提高了。

将传统的"三难选择"拓展至金融领域的"金融三难"，是开放经济条件下宏观经济政策选择理论的一大进步。传统的"三难选择"中强调的是汇率的稳定，而在金融全球化的背景下，仅仅维持汇率稳定难免存在局限性。汇率相对稳定的含义，既可能包括本国汇率相对全球金融中心国家货币的双边汇率稳定，也可能是指相对于某一货币篮子的相对稳定。一国极有可能处于汇率相对稳定但国内金融系统存在较大脆弱性的危险状况。为了保持金融系统的稳定而允许汇率适度波动应该是更优的政策目标选择。因此，重视金融稳定将是未来各国宏观经济政策和金融政策追求的新目标，从而"金融三难"将成为各经济体制定具体政策时无法跨越的理论依据。

三、外汇储备化解"三元困境"的可行机制

在如何化解"三元困境"的相关研究中，多位学者提及外汇储备的重要作用。埃森曼等（2010）的研究指出，持有大量的外汇储备（外汇储备占 GDP 的比重超过 21%）可以放松"三元困境"的约束条件，从而可能同时实现三个目标，即汇率稳定、资本自由流动和货币政策的独立性。该文对工业化国家、新兴市场、非新兴市场的发展中国家的汇率稳定性程度、金融开放度（金融一体化程度）、货币政策独立性三个指标进行测度，以产出稳定增长、低通货膨胀、通货膨胀率稳定等宏观经济指标为被解释变量，"三元困境"涉及的三个指标、外汇储备、全球金融冲击和其他控制变量等为解释变量，运用 7 个五年期面板数据（1972～1976 年，1977～1981 年，1982～1986 年，1987～1991 年，1992～1996 年，1997～2001 年，2002～2006 年）进行计量分析，最终支持了笔者的推断：持有大量外汇储备的经济体，可以在保持两个指标值不变的条件下（如汇率的稳定性和金融一体化程度不变），提高另外一个指标值（货币政策独立性）；与持有较低外汇储备的经济体相比，持有大量外汇储备的经济体其三个指标值的加权平均值要更高。这也解释了为什么新兴经济体大量累积外汇储备，其动机即在于缓解"三元困境"约束，实现更多政策目标。因此，埃森曼等（2010）得出结论，在探讨"三元悖论"问题时，不能忽视外汇储备的重要作用。

在探讨"三元困境"架构（trilemma configuration）的稳定性过程中，波普尔等（2013）发现，当一国持有的外汇储备数量较高时，其政策当局对三种政策目标的布局是相对稳定的。埃森曼等（2013）在对新兴经济体和发展中国家的类似研究中得出了相同的结论，即外汇储备是一种起缓冲作用的政策工具，可以保证三种政策指标的相对稳定，即外汇储备是使得新兴经济体在短期内同时实现汇率稳定、独立货币政策和金融一体化三个

目标的重要政策工具。因此，无论从何种角度，外汇储备可以应对外部冲击从而为政策当局的各种政策工具赢得更多发挥效力的空间是被广泛证实的。另外，布西埃等（2015）发现，在全球性金融危机爆发期间（2008～2010年），危机前的外汇储备与资本管制均与一国的经济增长呈正相关，即外汇储备和资本管制均被用来缓冲外部冲击的影响。因此，在探索化解"三元悖论"约束问题时，应该考虑外汇储备的重要作用。

那么，外汇储备化解"三元困境"约束的机制是怎样的呢？在资产组合平衡模型的理论框架下，斯坦纳（Steiner，2015）阐述了外汇干预作为资本管制的替代工具，可以保证一国拥有独立的货币政策和稳定的汇率，从而有效化解"三元困境"约束。另外，斯坦纳（2015）还指出，"三元困境"是长期内开放经济体面临的政策约束，短期内是有可能同时实现三个政策目标的，只要采取必要的政策，如动用外汇储备。

根据斯坦纳（2015）的研究，外汇储备化解"三元困境"约束的机制可以描述如下：假设世界上只有两个国家——美国和外国；只有两种资产——美元证券和外国证券，资产不完全替代。金融市场上的投资者除了美国和外国的私人投资者以外，外国的中央银行也被视为投资者。[①] 因此，外国的私人投资者和外国的中央银行都需要对美元资产和外国资产进行资产配置。尽管美元资产与外国资产不完全替代，但资本是自由流动的，如果中央银行不干预外汇市场，则资产市场出清需要汇率的相应调整。在外国央行事先确定某一利率水平的前提下（即外国央行拥有独立的货币政策），面对资产市场上的供需失衡，外国央行采取运用外汇储备干预外汇市场的方式稳定汇率，但在此过程中并不扩张或紧缩央行的资产负债表，而仅仅是通过调整其资产—方外国资产和外汇储备（以美元形式持有）的相对比重实现对外汇市场的干预，保持汇率稳定。基于以上理论分析，文章还对包括工业化国家、新兴市场和发展中国家在内的159个经济体1970～

———————————

① 假设美国的中央银行并不干预外汇市场。

2010 年的相关数据展开实证分析，证实自 20 世纪 90 年代起，中央银行运用外汇储备在外汇市场上的干预行为缓解了"三元困境"的约束条件，这一政策效果在新兴市场表现得尤为突出。

关于"三元悖论"的最新研究进展对中国而言同样具有重要的指导性意义。一方面，中国是世界上持有外汇储备最多的国家，这为中国使用外汇储备合理干预外汇市场提供了有效的政策工具，也为其他宏观经济政策发挥效力提供了更大的空间；另一方面，中国对资本账户实施相对严格的资本管制。国际货币基金组织近年来已经开始承认资本管制在保持金融稳定方面的重要作用。外汇储备与资本管制同时作为央行的货币政策工具，两者的搭配使用对于中国而言是中央银行的最优政策组合。在全球经济持续低迷、国际金融形势变化依然波诡云谲的情况下，中国的政策当局如何运用政策工具，在保证经济持续增长的前提下保持金融稳定，是亟待解决的重要问题。

第二节 典型经济体资本账户开放历程及其外汇储备管理

基于前文的理论分析和对相关研究最新进展的总结，本节将对典型经济体资本账户开放历程及其外汇储备管理进行分析和总结，以期为中国的资本账户开放与外汇储备管理提供有益的经验。

一、日本的资本账户开放历程及其外汇储备管理

日本的资本账户开放于 20 世纪 80 年代初期，随着其资本账户的开放，

日元国际化也被提上日程。日元国际化初期，日本面临着国际收支顺差以及本币升值的压力。然而，随着日本泡沫经济的崩溃，日元国际化程度逐渐下降。分析日本的资本账户开放历程，总结日本对其外汇储备的管理经验，将对中国政府推动人民币国际化、管理中国的巨额外汇储备具有重要的参考价值。

（一）日本的资本账户开放历程

日本的资本账户开放采取了渐进式开放的基本模式。日本在1949年完全禁止外汇和跨境资本交易，直到1979年日本终止了对于资本管制措施的应用，基本开放了资本账户。1980年以后，随着日本经济的迅速发展，其积累了巨额的经常项目盈余，国内资本走向世界的要求也日益强烈，国外资本走向日本本土的要求也逐渐加强，日本对资本的管制进行了大幅转变（邢自强，2015）。本书以1980年为时间节点，分两部分叙述日本的资本账户开放历程。

1. 1980年以前日本的资本账户开放历程

事实上，日本的资本金融自由化经历了"自由—管制—放松管制"的过程。第一次世界大战之前，实行金本位制度的日本在国际贸易方面是完全自由的。第二次世界大战后，国际货币体系进入布雷顿森林体系时期，此时，日本在固定汇率制度的约束下对外汇与贸易均实行了严格的限制。

20世纪60年代，日本加入国际货币基金组织（IMF）第八条款国，开放了其经常项目，随后，对直接投资账户也放开了管制。[①] 具体地，从1960年6月开始，日本开始考虑其汇率自由化问题，并授权外国银行开设

---

① 深尾光洋. 日本的汇率自由化与资本账户开放［N］. 21世纪经济报道，2012 - 07 - 02 (016).

日元账户，接受日元存款和贷款。1964 年 4 月，日本应国际货币基金组织的要求，放弃经常项目的汇率管制，废除外汇预算体系。由于战后重建的需要，日本需要大量外部资金流入以支持其经济建设，于是，1967 年 6月，日本开始了第一轮外资自由化政策，放宽了对外商直接投资的限制，到 1975 年，日本对外商直接投资的限制完全取消。

在短期资本流入方面，1964 年 5 月，日本当局允许大型证券公司建立非居民证券专用账户，以方便非居民证券投资；1967 年 8 月后，日本进一步放宽了对海外资本投资日本证券市场的限制。随着日本贸易盈余的增加和短期资本的大量流入，从 1968～1970 年，日本对资本流入的管制又开始加强。1970 年以后，日本重新启动第二轮和第三轮外国资本自由化政策，包括允许国外资本投资日本资本市场，允许日本居民借外债，允许日本公司海外借款转化成日元购买国内资产等一系列措施（陈丰，2012）。1971年，由于美元贬值，日元面临较大的升值压力，日本政府于 1971～1972 年逐渐收紧了资本流入控制。

在对外投资方面，随着日本经济的好转，日本对外投资的欲望越来越强烈，因此，放松了日本银行业对外证券投资的管制，同时日本居民购买海外不动产的管制也被放松。1969 年 10 月，日本开始允许对外直接投资，到 1970 年 4 月，日本对外证券投资启动（陈丰，2012）。1973 年 2 月布雷顿森林体系瓦解后，日元汇率开始浮动，日本当局为提高国内出口部门的竞争力，对资本账户进行管制并直接干预汇率以减小汇率波动。1973 年 10月第一次石油危机之后，日元面临较大贬值压力，为避免资本大量流出，同时鼓励资本流入，日本废除了对于非本国居民购买日本股票和债券的限制。1974 年日元持续贬值，为了限制资本流出，日本进一步采取措施禁止本国居民购买短期外国证券，同时，要求日本的机构投资者"自愿"限制境外证券投资，日本银行业不得对"非紧急"的境外直接投资融资。随着1977 年日元升值，上述限制资本流出的政策被再次放松，转为对资本流入进行管制。1979 年，日元再次贬值，此时日本没有加强对资本流出的控制，这标志着日本积极使用资本管制应对汇率变化导致的跨境资本流动的政策时期终结（邢自强，2015）。

2. 1980 年以后日本的资本账户开放历程

自 20 世纪 80 年代开始，日本对资本账户的管制进行了大幅转变，主要体现在日本的对外投资的扩展、日本金融市场的对外开放以及日元国际化三个方面。

（1）日本对外证券投资的扩张。1980 年以后，随着日本经济积累了越来越多的经常项目盈余，日本对外投资扩展的需求不断扩大。值得注意的是，1980 年 12 月，日本的换汇系统从正面清单改为负面清单，即只要不是属于被明文规定禁止的，跨境资本流动就得到允许，这是日本资本账户开放中一个里程碑式的事件。但此时的日本仍在很多方面限制了资本流动，如日本的非银行机构投资者包括保险公司、信托基金、养老保险金等被严格限制投资国外证券。直到 1985 年，日本放松了一系列非银行机构投资者投资海外证券市场的要求。例如，对政府支持的人寿保险增加的外国资产与年资金增加额的比例限额从原来的 10% 调整到 1986 年 4 月的 20%，到 1986 年 9 月取消限制。日本的这些措施极大地促进了日本对外证券投资的步伐（赵巍，2013）。

（2）日本国内金融市场的自由化以及日本离岸金融市场的建立。20 世纪 80 年代中后期，国际金融市场呈现的特征是金融自由化，受此影响，日本开启了国内金融市场自由化转型。同时，1985 年 12 月，日本证券市场对欧洲银行业开放；1987 年 5 月，日本允许美国银行业进入日本证券行业。

另外，1986 年，日本离岸金融市场建立，日本外汇银行可以从事海外业务，外国银行也可以进入日本市场，这一市场较少地受到日本国内的监管。对外商直接投资流入的行政程序也大为放松和简化。20 世纪 80 年代，日本基本完成了从严格的资本账户管制到资本基本自由流动的转型。剩余的一些资本管制措施在 20 世纪 90 年代早期被进一步废除，随着管制的放松，日元的国际交易和国债变得更为自由，进而对国内利率放开提出了要求，1994年日本最终取消了对利率的控制，利率走向市场化（邢自强，2015）。

（3）日元国际化。20世纪70年代之后，日本经济快速发展，但日本并未积极推进日元国际化，这主要是由于当时的日本政府担心日元国际化会引发国际收支恶化、降低国内货币政策效率，而日元汇率的波动可能打乱国内金融市场甚至引起日本经济动荡，因此，对日元国际化持审慎态度。1980年12月，日本政府修改《外汇法》，日元经常项目基本上实现了可兑换，对日元资本项目的可兑换也由原则上限制兑换过渡为原则上放开管制，这是日本金融国际化的一个阶段性标志（菊地悠二，2002）。1984年2月，日本和美国政府共同组建了"日元—美元委员会"，同年5月，该委员会就日本金融、资本市场自由化、日元国际化以及外国金融机构进入日本金融、资本市场等问题达成一致意见，大藏省发表了《关于金融自由化、日元国际化的现状与展望》公告，进一步整理并完善了日元国际化的具体措施，形成了体系化的政策方案（陈虹，2004）。1984年3月，日本放松了其远期外汇交易市场，同年解除了对银行的"交换限制要求"，并提高了银行外汇交换头寸的上限，在日本的外资银行可以自由地从事外汇买卖业务。最终，日元和美元的自由兑换在1985年2月得以实现。在日元债券的发行方面，20世纪80年代日本开始在国内外金融市场发行以日元计价的债券，1983年1月，日本放松了武士债券的发行。1984年5月，日美汇率共同公告（Yen/Dollar Exchange Rate Issues）发布，日本开始放松欧洲日元债券的发行（赵巍，2013）。至此，日本资本账户的诸多管制政策基本放开，以保证日元国际化的顺利推进。然而，日元国际化的进展并非十分顺利。

若以各国央行所持有的日元及其标价资产占所有已确定币种的外汇储备的比重代表日元的国际化程度，则日元国际化程度在1991年达到最高点之后，开始逐渐下滑（王立荣，刘力臻，2012）（详见图2.3）。

图 2.3　1980～2010 年日元国际化程度

资料来源：1980～1986 年数据来自杜雷，撒乌耳・利森多和马西森（Dooley, Saul Lizondo and Mathieson, 1989）；[①]1987～2010 年数据来自 IMF 年度报告（IMF Annual Report, 1996, 2001, 2010）。[②]

（二）日本外汇储备规模的演变

20 世纪 80 年代前，日本外汇储备处于逐渐增加的状态，进入 90 年代后日本外汇储备加速增长。自 1999 年 10 月以来，日本一直是世界上持有外汇储备最多的国家，直到 2006 年才被中国取代。此后日本外汇储备增长缓慢，特别是 2012～2017 年日本外汇储备存量徘徊不前。日本外汇储备的演变可分为以下三个阶段。

1. 1985 年以前日本的外汇储备规模演变

20 世纪 50 年代，日本的外汇储备规模很小。根据万德数据（WIND）提供的资料显示，1959 年以前，日本的官方储备规模尚不足 10 亿美元（见图 2.4）。到 1960 年年末，日本的官方储备资产约为 35 亿美元，其中外汇储备仅为 15.77 亿美元。[③] 直到 70 年代，随着日本对外贸易的迅速发展，贸易收支顺差逐渐增加，日本的官方储备及外汇均得以迅速积累。从

---

① Michael P. Dooley, J. Saul Lizondo and Donald J. Mathieson. The Currency Composition of Foreign Exchange Reserves [J]. Staff Paper-International Monetary Fund, Vol. 36, No. 2 (Jun. , 1989), pp. 385 –434.

② 考虑到新一期数据是对以往数据的修正，因此，当各期年报数据上有出入时，以较新一期年报数据为准。

③ 20 世纪 60 年代末日本的外汇储备数据来自：范德胜．日本外汇储备的形成和管理及对我国的启示 [J]．经济研究参考，2013（43）：87 –92.

日本的官方储备资产数据看，1970 年仅为 44 亿美元，到 1978 年则增加到 330 亿美元，8 年时间增长了近 8 倍。同期，日本外汇储备的规模也迅速扩张。80 年代前期，日本的官方储备规模变化较为平缓，1980 年官方储备余额为 252 亿美元，1985 年年末为 265 亿美元（其中外汇储备为 219 亿美元），与 1980 年年末相比，增幅仅为 5.16%。另外，自布雷顿森林体系瓦解以来，日本的官方储备结构中，外汇储备资产所占的比重开始增加。

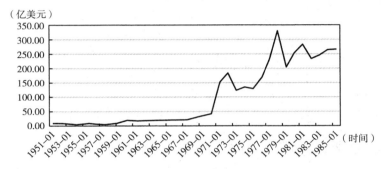

图 2.4　1985 年以前日本官方储备余额

资料来源：WIND 数据库。

2. 1985～2004 年日本的外汇储备规模演变

20 世纪 80 年代后期开始，日本的经常项目顺差居世界第一，这直接导致其外汇储备存量的迅速增加。从数量上看，1986 年，日本的官方储备余额为 422 亿美元，到了 1987 年则达到 815 亿美元，一年的时间增长接近一倍。1988 年年末，日本的官方储备继续增加，达到 977 亿美元，然后开始下降，到 1992 年维持在 687 亿美元（见图 2.5）。

1994 年，日本的官方储备余额首次超过 1 000 亿美元，1996 年则达到 2 150 亿美元，直到 1999 年上半年，官方储备余额始终维持在 2 230 亿美元左右，2000 年 3 月首次超过 3 000 亿美元。同期，日本的外汇储备规模也保持了相同的变化态势，到 2005 年年末，日本外汇储备为 8 288.13 亿美元，超过其他发达国家合计外汇储备的总数，占全球外汇储备总额的 19.7%。

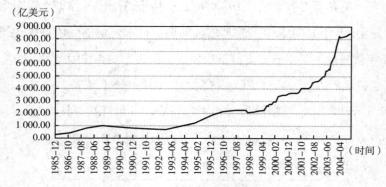

图 2.5　1985～2004 年日本官方储备余额

资料来源：WIND 数据库。

3. 2005 年至今日本的外汇储备规模演变

2005～2011 年，日本的外汇储备有所增加，但增幅较小。2006 年，中国的外汇储备余额超过日本成为世界上持有外汇储备最多的国家。2011 年年底开始，日本的外汇储备维持在 1.2 万亿美元左右。特别是 2012～2018 年日本外汇储备余额基本维持稳定，没有明显的增长趋势（见图 2.6）。

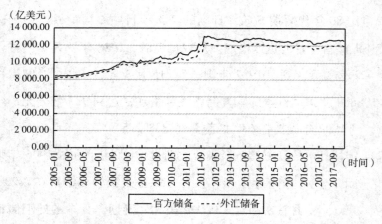

图 2.6　2005 年 1 月～2018 年 4 月日本官方储备与外汇储备余额

资料来源：WIND 数据库。

（三）日本的外汇储备管理模式

截至 2017 年 12 月，日本外汇储备余额达到 12 021 亿美元①，仅次于中国，居世界第二位。日本的外汇储备管理体制是在第二次世界大战以后，通过颁布一系列的法规，逐步转变演化而最终形成的。

1. 日本的外汇储备管理机构

日本的外汇储备管理体系属于双层次管理体系（范德胜，2014）。日本财务省（Ministry of Finance，Japan）下属的国际事务局（International Bureau）负责调查、计划、起草关于外汇和国际货币体系及其稳定性等相关事物，负责调节国际收支和管理外汇基金特别账户（Foreign Exchange Special Account），与汇率相关的事宜、涉及经济协调发展需与国际组织接洽、海外贷款与海外投资等事宜也均由国际事务局负责。②另外，日本的中央银行——日本银行（Bank of Japan）也负责管理外汇资产，根据日本银行官方网站 2012 年发布的《外汇资产管理的修订》（*Revisions to the Management of Foreign Currency Assets*）文件③，该文件明确指出，日本银行持有外汇资产以用于其政策需要，日本银行在管理外汇资产时高度重视资产的安全性和流动性，在满足安全性与流动性的前提下，考虑外汇资产的收益性。

具体地，日本财务省是日本外汇管理的决策机构，日本银行是外汇储备政策的执行机构。日本银行的金融市场局等相关机构根据外汇市场及日本经济的实际状况，提出外汇操作的建议并上报财务省，经财务省审批后由日本银行负责实际的外汇干预操作。外汇资金来源于财务省在日本银行

---

① 数据来源：WIND 数据库。

② 相关内容来自日本财务省官方网站。

③ 文件来自日本银行官方网站，http：//www. boj. or. jp/en/announcements/release _2012/ rel120511b. pdf。

的外汇基金特别账户；当需要买入外汇时，则通过发行短期政府债券筹集资金。①

2. 日本外汇储备管理的原则

日本银行于 2012 年发布的《外汇资产管理的修订》中明确指出，日本银行外汇资产管理遵循的原则是确保外汇资产的安全性和流动性，这与持有外汇资产的目的是相吻合的，与控制外汇风险的目标也是一致的。因此，日本银行在对外汇储备资产的投资方面优先考虑流动性与安全性较强的外币存款和政府债券，其中，政府债券主要是美国和欧洲国家发行的政府债券。采取这种投资方式的外汇资产既保证了安全性又兼顾了流动性，在日本的政策当局需要运用外汇时，外汇资产可以迅速变现以供政策所需。

二、印度的资本账户开放历程及其外汇储备管理

印度的资本账户开放始于 20 世纪 90 年代，主要受到其国际收支危机的驱动。随着印度资本账户的逐步放开，印度的外汇储备规模也发生了动态变化。

（一）印度的资本账户开放历程

印度在独立之前是英国的殖民地，1947 年 6 月，英国颁布《蒙巴顿方案》，实行印巴分治，同年 8 月成立印度自治领。1950 年成立印度共和国，印度自独立起，为尽快摆脱殖民统治的影响，当时的政府切断了与英国的

---

① 王晖. 日本外汇储备体制及其特点 ［J］. 经济师，2010（12）：63 - 64.

许多经济联系，导致大量英国资本流出印度[1]，加强对外汇的管制成为当时管理外汇的主要措施。总体来看，印度的资本账户开放经历了严格管制、渐进式放松管制的历程。

由于印度的对外贸易严重依赖苏联等国家，因此，20 世纪 90 年代初海湾战争的爆发和苏联解体对印度经济产生了极其严重的负面影响，1991 ~ 1992 年印度的经济增长率下跌到 1% 左右（孙培钧，华碧云，2003）；同时，受到印度当时低效的外汇事务行政审批、15 个月内有 3 位总理下台等国内不利因素的影响，印度吸引外资的能力不断下降。种种国内外因素导致印度于 1991 年 5 月爆发了严重的国际支付危机，当时印度外汇储备的规模下降到仅够支持一个星期左右的进口额。

受到国际收支危机的影响，时任纳拉辛哈·拉奥政府选择向国际货币基金组织和世界银行求助，但作为国际援助贷款的附加条件，印度需要进行一系列经济改革。拉奥政府的财政部部长曼·辛格受命制定印度的长期经济改革方案，从此，印度开始朝着经济开放化、自由化的道路发展。

1991 年，印度当局成立了由兰加拉简（Rangarajan）领导的国际收支高级委员会。1992 年，国际收支高级委员会提出印度应审慎、渐进地推进资本账户可兑换，吸引外资实现长期非债务融资，以减少对国际援助的需要，同时，严格限制短期资本流入。[2]

1995 年，印度储备银行成立了以塔拉伯雷（Tarapore）为主席的资本账户可兑换委员会，负责推进资本账户开放。随后，1997 年 5 月，资本账户委员会提出了为期三年的印度资本账户开放时间表。但随着东南亚金融危机的爆发，印度当局对资本账户开放的态度由乐观转为审慎，且印度在兰加拉简领导的国际收支高级委员会的建议下，对短期资本流入实施严格

---

[1] 李珂. 试析 1947 ~ 1991 年印度外汇管理制度 [J]. 南亚研究季刊, 1999（1）: 24 - 30.
[2] 转引自: 徐策. 印度的外汇管理政策改革 [J]. 东南亚南亚研究, 2016（3）: 35 - 44.

管制的政策，并禁止外资进入印度的房地产市场（徐策，2016）。

2000 年以后，印度再度修订其外汇管理法案，并重启资本账户可兑换。此后，随着印度经济的快速增长，塔拉伯雷委员会重新评估印度的资本账户可兑换进程，认为通过 5 年时间分三个阶段可以逐步实现卢比的国际化。2006 年，时任印度总理辛格宣布卢比实现完全可自由兑换的计划。在证券投资管理方面，2006 年，印度允许境外一般投资者投资印度股票市场，对于持股不超过 49% 的境外投资，无须印度证券交易委员会审批；2007 年，印度对外开放了其国债和公司债市场①，这意味着印度在 2007 年实现了其股票市场和债券市场的对外开放。然而，2008 年的全球性金融危机中，印度面对通货膨胀的高企和卢比的贬值压力，再度强化资本管制（徐策，2016）。

因此，总体上看，印度在其资本账户自由化的进程中坚持审慎开放的态度，对资本流入解除管制优先于资本流出，对外商直接投资的开放优先于其他领域的开放；在此过程中，根据印度的经济发展状况、国际经济环境的变化适时调整其资本账户自由化进程，由相关部门负责评估资本账户开放政策的实施效果。

（二）印度的外汇储备规模演变

20 世纪 50 年代，印度曾经通过配额制、许可证、强制结汇等措施积累外汇储备。但一个经济体若无法解决经常账户长期赤字的问题，则无法积累债权型外汇储备。布雷顿森林体系解体以后，受国际金融环境动荡的影响，以及印度当时计划经济（1968~1990 年）政策的低效，印度经济陷入了长期低速增长的状态，同时，外汇储备流失严重。

从图 2.7 中可以看出，尽管印度对外汇采取了强化管理措施，并在

---

① 转引自：徐策. 印度的外汇管理政策改革［J］. 东南亚南亚研究，2016（3）：35-44.

1973 年修订了《外汇管理法案》以遏制资本外流，但卢比的持续贬值仍导致印度外汇管制的政策效果无法达到预期，经济主体通过虚假贸易等方式将资本抽离印度，印度的外汇储备规模长期处于低位。1973 年，印度的外汇储备仅为 4.6 亿美元。

（亿美元）

图 2.7　1951～2017 年印度外汇储备余额

资料来源：IFS 数据库。

　　1991 年的国际收支危机进一步强化了外汇储备匮乏的经济后果。1993 年，印度当局通过对《外汇管理法》的调整，例如，允许境外公司在缴纳应付税款并获得印度储备银行的准予后将获取的利润汇出境外，采取各种措施吸引外资，从而有助于印度积累外汇储备。1993 年，印度的外汇储备余额达到 98.07 亿美元，为 1951 年以来的最高值；1994 年首次超过百亿美元达到 193.86 亿美元。1998 年的东南亚金融危机中，由于印度政策当局及时采取了资本管制措施，保证了印度的外汇储备余额在危机中不降反升，1998 年年末，印度的外汇储备余额为 269.58 亿美元，1999 年增加到 319.92 亿美元，之后持续增加，直到 2007 年增加至 2 665.53 亿美元。2008 年金融危机中有所回落，但 2008 年以后持续增长，到 2017 年年末，达到 3 851.04 亿美元。①

---

　　①　所有数据来自国际货币基金组织官方网站数据库——国际金融统计（International Financial Statistics，IFS）。

（三）印度的外汇储备管理

早在 1947 年印度政府即出台了《1947 年外汇管制法案》，确定印度储备银行为印度管理外汇储备的主要机构。

印度外汇储备管理的目标是"实现金融体系的稳定，并充分运营货币和国家信用体系"[1]，印度持有外汇储备的主要目的是，在保证风险最小的前提下，维持外汇储备的购买力。为了提升外汇储备的投资收益，印度采取了以下措施积极管理外汇储备。

1. 投资基础设施建设并加大跨国战略投资

2006 年，印度政府建立了基础设施融资有限公司（India Infrastructure Finance Co. Ltd.），开始着手将外汇储备投资于基础设施建设，具体将包含通信、电力、交通运输等多个基础设施部门。印度财政部长奇丹巴兰姆（P. Chidambaram）在 2007 年 2 月发表财政预算演说时表示，他正在研究一项方案，该方案提议印度基础设施金融公司成立两家子公司，从印度央行借出部分外汇储备，利用这些资金为基础设施项目提供信贷支持。[2]

在考虑将外汇储备投资于基础设施建设的同时，印度当局还在世界范围内开发油气等资源，将外汇储备用于购买天然气、煤炭、石油等战略资源。以印度国有企业海外投资为例，2004 年 8 月《印度时报》报道，印度政府将通过对国有石油、天然气公司进行合并的方式组建超大型石油天然气公司；同年，印度内阁批准印度石油天然气有限公司（ONGC）下属从事海外投资的子公司 ONGC-Vedish Ltd. 有限公司（OVL）收购加拿大第二

---

① 转引自：范德胜. 日本、韩国和印度储备资产管理的经验及对我国的启示［J］. 国际贸易，2014（4）：57–61.

② 引自网易财经，"印度可能动用外汇储备发展基础设施"，2007 年 5 月 14 日，http://money. 163. com/07/0514/15/3EFCEK98002525CJ. html

大油气企业 Talisman 能源公司在苏丹大尼罗河油田项目中的股份，投资
7.5 亿美元。[①]

2. 鼓励企业对外投资

2004 年，印度当局提高了本国企业境外商业借款的最高限额，并鼓励
其在境外开办独资、合资公司。此外，印度央行还提高了给出境留学、工
作、就医等印度人对外汇款的限制。2007 年，印度当局进一步提高了外汇
流出限额，把印度上市公司对国外有价证券的投资上限额从公司资本净值
的 35% 调整至 50%；将经印度证券监管委员会注册的共同基金向海外投资
总额上限由 40 亿美元提高到 50 亿美元；将自由汇款计划项下汇款上限由
每年 10 万美元调整为 20 万美元。[②]

3. 优化外汇储备币种结构和投资结构

近年来，印度不断减持美元资产，美元资产在其外汇储备中所占比重
呈持续下降的趋势，同时黄金和其他非美元资产在其外汇储备中所占比重
逐年上升。印度外汇储备币种结构的多样化，有助于防范和降低外汇投资
风险，实现外汇储备的保值增值。

另外，印度外汇储备投资组合的多样性保证了其外币资产的流动性和
安全性，降低了投资风险。根据国际货币基金组织关于国际储备与外币流
动性数据模板相关报告（Date Template on International Reserves and Foreign
Currency Liquidity，IRFCL）的最新数据，截至 2018 年 3 月，印度当局
3 994亿美元的外汇储备中，1 097 亿美元以存款形式存放于外国中央银行、
国际清算银行和国际货币基金组织；277 亿美元以存款形式存放于其他银
行（包括商业银行、储蓄银行、储贷协会、信用社或信用合作社、房屋协
会和邮政储蓄银行或其他由政府控制的储蓄银行）；2 620 亿美元的外币资

---

① 转引自新浪财经，"印度经贸简讯 2004 年第 8 期"，http：//finance. sina. com. cn/roll/
20040830/1538985922. shtml。

② 张润林，宋菲. 印度外汇储备管理实践及其经验借鉴 [J]. 价格理论与实践，2011 (4)：
87 - 88.

产投资于证券，证券包括高度流动的、可销售的股权证券和债务证券，流动的、可销售的长期证券（例如 30 年期美国国债）也包括在内。①

三、韩国的资本账户开放历程及其外汇储备管理

韩国在 20 世纪 60 年代早期是世界上最不发达的国家之一，到 2015 年则成为世界第 11 大经济体、第 6 大出口国。韩国经济从 20 世纪 60 年代开始，在近 20 年的时间里由世界上最贫穷的国家之一跃成为中上等发达国家，这一时期韩国的经济发展被称为"汉江奇迹"（Miracle on the Han River）。韩国经济得以快速发展主要缘于其出口导向策略的实施、宏观经济的稳定以及对物力和人力资本的投资（兰德尔·琼斯，2016）。

韩国在其资本账户开放方面进行了开创性的实践，表现为韩国通过立法，永久性地授权货币和金融当局根据实际需要对跨境资本流动进行灵活管制，尤其是在金融危机时期，韩国政府引入了相关的反周期措施以对跨境资本流动进行管制（张明，2015）。

（一）韩国的资本账户开放历程

韩国的资本账户开放始于 20 世纪 80 年代。1981 年 1 月韩国宣布一项"资本市场国际化计划"，该计划主要分四个阶段来推动韩国资本市场对外开放。②

第一阶段（1981～1984 年），开始允许外国投资者通过由韩国证券公司管理的开放型国际信托基金及由外国证券公司管理的封闭型基金对韩国

---

① 不挂牌公开交易的证券原则上不包括在内，除非这些证券的流动性足够高，符合储备资产的条件。
② 闻岳春. 韩国资本市场国际化及其启示 [J]. 当代韩国，1997（4）：71 – 74，87.

证券市场进行间接投资。

第二阶段（1985～1987年），有限度地允许外国投资者直接买卖韩国股票，准许外国投资公司在本国开设代表处；与此同时，准许本国公司在国外证券市场上发行可转换债券，以及本国证券公司在国外开设代表处。

第三阶段（1988～1989年），允许外国投资者在互惠的基础上自由地对韩国证券进行投资，并且准许经财政部同意后国内基金可以在国外证券市场上发行股票筹资。

第四阶段（20世纪90年代），证券市场完全开放，允许外国证券在韩国证券市场上市。

事实上，进入20世纪90年代，由于韩国工资上涨和其他发展中国家的赶超等原因，韩国出口受到严重影响，经常项目顺差减少，国际收支状况恶化，同时韩国面临着通货膨胀问题。为了促进韩国经济发展，韩国资本账户开放的步伐开始加快，表现之一是1993年3月韩国申请加入经济合作与发展组织（Organization for Economic Co-operation and Development，OECD）[1]，加入该组织的成员是自由民主市场经济身份的象征，且该组织在全球经济治理中占有重要地位。在加入经济合作与发展组织谈判的进程中，资本账户自由化问题是焦点之一。同时，由于美国与韩国之间存在贸易逆差，美国要求韩国进一步开放其金融市场。受到美国的影响，1992年美韩针对金融自由化问题展开谈判磋商，并最终达成协议，协议内容成为1993年韩国金融改革计划的主要内容。1993年金泳三（President Kim Young-san）政府[2]公布了资本账户开放的时间表。[3]

第一阶段（1993年），取消在外国人持有50%以上资本的公司里对外

① 经济合作与发展组织，简称经合组织（OECD），是由36个市场经济国家组成的政府间国际经济组织，成立于1961年，目前成员总数36个，总部设在巴黎。
② 金泳三总统，韩国第一位无军事背景的总统，韩国第一任"文人总统"。
③ 王海峰. 身份进化、污名管理与国际资本规范：韩国资本账户政策研究［D］. 外交学院博士论文，2016：76－77.

国人股票投资额的限制，允许外国投资信托咨询公司持有国内投资信托公司的股份。

第二阶段（1994～1995年），放松对外国证券公司开设分支机构的要求；放宽对外国人直接股票投资的限额；允许国际组织在国内市场发行以韩元标价的债券；放宽外国投资信托咨询公司所持有的资本限制。

第三阶段（1996～1997年），允许外国银行建立分支机构；减少对外国证券公司设立分支机构的资本要求；继续放宽对外国直接股票投资的限额。

1996年，韩国成功加入经合组织。20世纪90年代的资本账户开放使得韩国的财阀企业得以大规模举借外债，以满足国内迅速增加的投资需求。然而，由于短期外债多用于长期投资，债务的期限错配为1997年韩国爆发金融危机埋下了隐患。1997年韩国金融危机爆发后，为了获得国际货币基金组织的贷款，作为与国际货币基金组织谈判的结果，韩国开始加快金融改革，其中包括资本账户的开放。在股市政策方面，将外国投资者对股票的投资上限提高到55%，外国个人投资上限提升至50%。在债券市场方面，1997年年底实现了债券市场的全面开放。[①] 在外汇政策方面，取消外汇日交易范围的规定。在货币市场方面，向国内投资者和国外投资者发行了为期1年以美元标价的国库券，制定了允许外国无限制进入货币市场的时间表。在公司借款方面，取消了对出口提前期和期限在3年以上的外国贷款的限制。[②] 1999年4月1日，新的《外汇交易法案》实施，机构投资者涉外经济活动的外汇交易自由化，管制政策实施负面清单制度。2000年年末，私人资本项目交易自由化，但在海外市场非本国居民不可自由交易韩元。至此，韩国金融市场成为对国外投资者最为开放的市场。[③]

---

① 吴东. 资本账户开放国际比较及对我国的启示［D］. 东北师范大学，2005：18－19.
② 朱云桥. 资本账户开放的经济效应分析——兼论我国资本账户开放的进程及安排［D］. 苏州大学，2008：42－44.
③ 王海峰. 身份进化、污名管理与国际资本规范：韩国资本账户政策研究［D］. 外交学院博士论文，2016：94.

　　然而，韩国的资本账户自由化在 2008 年的国际金融危机中受到了考验。2008 年金融危机爆发以后，韩国的短期国际资本流入发生突然停止和撤回，韩国 2008 年和 2009 年的资本流出占 GDP 比例攀升至 5.63% 和 5.88%。[①] 同时，韩元严重贬值，2008 年 7 月~2009 年 2 月，韩元贬值 51.55%，储备损失 18.7%，外汇市场压力达到 70.25%（Aizenman and Michael，2012）。受此影响，韩国在 2009 年重新引入资本管制措施，包括对外国投资者持有韩国政府债券获取收入的管制，银行的跨境资本流动方面包括对银行外汇头寸进行限额管制、对银行的短期外国融资征税、对外汇债务实施准备金政策（required reserves on FX liabilities），证券组合跨境资本流动方面包括对外国投资征税、依据资本类型或期限实施限制等（见表 2.1）。韩国通过立法，永久性地授权货币和金融当局根据实际需要，对跨境资本流动进行灵活管制（张明，2015）。

表 2.1　　　　　　　　　新兴经济体 2009 年起引入资本管制时间表

国家/地区	对证券组合跨境流动的限制		对银行跨境资本流动的限制		
	对外国投资征税	依据资本类型或期限的限制	对短期对外借款征税	对银行外汇头寸进行限额	对外汇债务实施准备金制度
巴西	2009 年 10 月、11 月；2010 年 10 月、12 月；2011 年 7 月、12 月		2011 年 3 月、4 月、7 月、8 月；2012 年 3 月、6 月、12 月		2011 年 1 月、7 月；2012 年 12 月
印度尼西亚		2010 年 3 月、6 月；2011 年 4 月		2010 年 6 月、12 月	2010 年 12 月
韩国	2010 年 11 月；2012 年 1 月	2011 年 7 月	2011 年 4 月	2009 年 11 月；2010 年 1 月、6 月；2011 年 6 月；2012 年 11 月	

---

　　① 周琰. 新兴经济体资本账户开放与宏观审慎政策工具选择 [D]. 首都经济贸易大学，2017：40 - 41.

国家/ 地区	对证券组合跨境流动的限制		对银行跨境资本流动的限制		
	对外国 投资征税	依据资本类型 或期限的限制	对短期对外 借款征税	对银行外汇 头寸进行限额	对外汇债务 实施准备金制度
中国台湾		2009 年 11 月； 2010 年 11 月		2010 年 12 月	2010 年 1 月、 12 月
泰国	2010 年 10 月				

资料来源：艾哈迈德和扎特（Ahmed and Zlate，2013）。

（二）韩国的外汇储备规模演变

分析韩国自 20 世纪 50 年代起的外汇储备规模变化，对于理解韩国的资本账户开放和汇率制度选择具有重要的意义。

韩国的外汇储备数量在 1951 年仅为 3 680 万美元，1960 年增加到 1.55 亿美元，直到 1976 年才达到 19.62 亿美元（见图 2.8）。1988 年以前，韩国的外汇储备规模从未达到 100 亿美元，1988 年首次超过 100 亿美元（123.4 亿美元）。

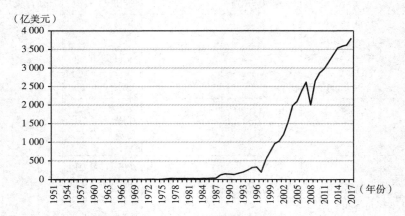

（亿美元）

图 2.8 1951~2017 年韩国外汇储备余额

资料来源：IFS 数据库。

进入 20 世纪 90 年代，韩国经常项目连续三年逆差，1990~1992 年累计逆差 11.14 亿美元（见图 2.9），同时，韩国的对外负债快速增长，尤其是短期外债占比较高。对比图2.8与图2.9可以看出，20世纪90年代初期，韩国连续三年的经常项目逆差并未伴随着外汇储备规模的下降，这也解释了资本与金融账户的资本净流入促成了韩国外汇储备存量的增加。其中，对外负债的持续快速增长在弥补经常项目逆差的同时，也为韩国爆发金融危机埋下了隐患。

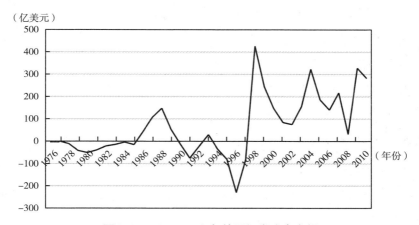

图2.9 1976～2010年韩国经常账户余额

资料来源：IFS数据库。

1994年韩国外汇储备达到250.32亿美元。金融危机前的1996年，韩国外汇储备达到史上最高值，为332.37亿美元。然而，随着1997年金融危机的爆发，韩国经历了短期资本的快速流出，1997年年底，韩国的外汇储备余额降至197.10亿美元。1997年韩国金融危机之后，在韩国资本账户全面开放的背景下，韩国的外汇储备开始快速累积。韩国的国际储备与GDP占比从1997年的3%，到2003年增加至30%（Aizenman et al.，2004）。

到2008年金融危机前，2007年韩国的外汇储备达到2 617.71亿美元，与同期印度的外汇储备余额基本相当。受到2008年全球金融危机的影响，韩国的外汇储备在2008年下降至2 004.79亿美元，此后继续呈增长态势。根据国际货币基金组织国际金融统计（International Financial Statistics，IFS）的最新数据，2018年4月，韩国除黄金以外总储备余额为3 935.71

亿美元，其中特别提款权 33.94 亿美元，在 IMF 的头寸 15.49 亿美元，外汇储备 3 886.28 亿美元。

（三）韩国的外汇储备管理

韩国于 1997 年开始采用自由浮动汇率制度，而采取浮动汇率制度的经济体通常无须储备过多的外汇储备应对汇率波动。因此，韩国持续攀升的外汇储备规模很难用汇率制度的用汇需求解释。

1. 韩国的外汇储备管理机构

根据《韩国银行法案》和《外汇交易法案》的相关规定，韩国的外汇储备管理机构是财政部下属的外汇平准基金、韩国银行（韩国的中央银行，The Bank of Korea，BOK）和韩国投资公司共同管理，是典型的多元管理体系。其中，韩国银行管理的外汇储备约占韩国外汇储备的 3/4，而韩国财政部管理的外汇储备则占 1/4 左右。[①]

对于外汇储备的具体管理，韩国财政部负责制定有关指导意见和基准，韩国银行根据财政部的管理计划负责具体操作，韩国银行下属的储备管理部和银行国际部对外汇负有管理责任。储备管理部进一步分为 6 个团队，其中储备管理团队负责外汇资产组合的管理（范德胜，2014）。

2. 韩国的外汇储备管理原则及风险控制[②]

早在 1997 年，韩国银行已经将其管理的储备划分为三个层次：流动性储备、投资性储备和信托性储备。对于流动性储备，其理想规模是基于对外汇储备流量分析的基础上制定，主要保证外汇储备的流动性。投资储备主要运用于中长期固定收益的储备资产，以增加收益性为目标，如投资全球主权债券等。信托性储备则主要用于购买国际认可的资产，投资于专门

① 周波. 韩国如何管理外汇储备 [N]. 中国财经报，2013 - 01 - 24.
② 此部分内容主要借鉴：范德胜. 日本、韩国和印度储备资产管理的经验及对我国的启示 [J]. 国际贸易，2014（4）：57 - 61.

技术等高回报的资产。长期以来，韩国外汇储备管理原则是将安全性与流动性置于收益率之上。

在外汇储备的风险管理方面，韩国银行采用压力测试的方法对每日的外汇储备资产市场价值进行测算，以评估国际金融市场重要事件对储备价值的影响。以风险报告的方式定期提交风险管理部门和外汇管理部门。

3. 2008 年金融危机期间韩国的外汇储备管理

2008 年金融危机期间，为了应对韩元急剧贬值，稳定外汇市场，以及减缓资本外流造成的冲击，韩国银行使用外汇储备向外汇市场提供了 266 亿美元的流动性。起初，韩国动用外汇储备缓冲和稳定国内金融市场。但随着韩国官方外汇储备的减少，为应对全球的流动性匮乏，2008 年 10 月 30 日，韩国银行（BOK）与美国联邦储备系统签订 300 亿美元的货币互换协议，并动用与美国的货币互换协议向美联储寻求美元的援助。2008 年 12 月 12 日，韩国银行与中国人民银行（The People's Bank of China，PBC）签署了 1 800 亿元人民币/38 万亿韩元的货币互换协议以应对潜在的跨境资本流动冲击。同时，韩国银行同意扩大与日本银行（Bank of Japan）货币互换协议的上限，价值上相当于从 30 亿美元扩大至 200 亿美元，以应对外汇市场的流动性短缺。①

在金融监管方面，2008 年对外国银行在韩国的分支机构加强监管，加强对国内金融企业的流动性监管。另外，通过修改《韩国银行法》，明确了韩国银行具有维护金融稳定、参与金融监管和金融机构调查权的职能，此前金融稳定职责由金融监督院负责（姜海燕，2017）。2009 年起，加强对外汇交易的风险管理。2009 年 7 月，韩国金融服务委员会（Financial Services Commission）和金融监管服务机构（The Financial Supervisory Service）发布联合声明，将严格外汇保证金交易法规，以保护蒙受巨额损失的

---

① Kim, Kyungsoo. Global Financial Crisis and Korean Economy [EB/OL]. Proceedings, Federal Reserve Bank of San Francisco, 2009, issue Oct, 277 – 284.

个人投资者利益。韩国监管当局表示，将密切监控外汇保证金交易的经纪人，并从 2009 年 9 月起将外汇保证金交易的保证金最低要求从 2% 上调至 5%，最大杠杆比率下降至 20 倍以内。[①]

四、典型经济体资本账户开放进程中外汇储备管理的经验总结

通过对日本、印度、韩国的资本账户开放进程及其外汇储备管理进行回顾和总结可以发现，各国依据国情和当时所处的国际经济环境选择了不同的资本账户开放路径。在其资本账户开放进程中，当遭遇全球性或区域性金融危机时，各国应对危机的外部冲击选择了不同的方式。外汇储备作为一个经济体缓冲外部冲击的政策工具，在非常时期往往发挥了重要的作用。从理论以及现实层面上看，非国际货币发行国在开放资本账户的同时，为了应对外部冲击，应当从战略层面上累积充足的外汇储备，而对于国际货币发行国，则既不需要资本管制，也不需要外汇储备。典型经济体的经验给中国的资本账户开放和外汇储备管理提供了值得借鉴的经验。具体包括以下四点。[②]

第一，货币国际化准备阶段需要大量的外汇储备作支撑。从日本的外汇储备管理以及日元国际化的经验看，在实现资本项目可兑换之前的货币国际化准备阶段，需要较大规模外汇储备支撑货币的国际化，应对货币国际化初期可能出现的各种风险。本书的判断是，中国正处于人民币国际化

---

① 引自腾讯财经，"韩国金融监管机构：将加强外汇保证金交易法规，遏制投机行为"，http://finance. QQ. com，2009 年 07 月 16 日。

② 此部分的论述主要参考了本书作者的学术观点：王立荣，刘力臻. 货币国际化进程中的最优外汇储备规模：日元的经验研究 [J]. 现代日本经济，2012 (6)：1-9. 此部分结论在已有研究的基础上有新的补充。

的准备阶段，因此，中国需要大规模的外汇储备支撑人民币国际化。实现我国巨额外汇储备保值增值目标的过程中，不能忽视外汇储备对人民币国际化的支撑作用。

第二，随着一国资本项目的开放以及国内金融自由化的不断深入，货币国际化的程度将与外汇储备规模呈现负相关。以日本为例，当日本正式开始日元国际化之后，日元国际化程度与日本持有外汇储备规模呈现出负相关。因此，可以推测，当中国放开资本项目正式推行人民币国际化以后，人民币国际化程度越高，中国需持有的外汇储备量越少。

第三，实现资本项目可兑换和国内金融自由化，是主权货币国际化的必要条件之一，但并不能保证主权货币国际化的成功。如果日元国际化进程的倒退是各种国际货币角逐较量的结果，那么，人民币国际化如何避免重蹈日元国际化的覆辙，是值得关注的重要问题。

第四，当经济体面临的外部环境发生骤变，如全球性金融危机，已经开放本国资本账户的经济体重新采用资本管制措施以保持国内金融稳定是合理的政策选择。韩国在2008年金融危机期间，通过立法永久性地授权货币和金融当局根据实际需要对跨境资本流动进行灵活管制是值得借鉴的经验。

第三章
中国的资本账户开放历程及
中国资本账户开放度测算

本章将对中国的资本账户开放历程进行详细的梳理，并论述中国的资本账户开放如何对中国外汇储备管理产生影响。

第一节 中国的资本账户开放历程

中国的资本账户开放历程可以划分为六个阶段。

一、改革开放前无严格意义上的资本账户开放

根据《新帕尔格雷夫货币金融大辞典》对外汇管制的定义，狭义上讲，外汇管制系货币机构（政府、中央银行或专门机构）对国际交易或对本国货币与外国货币的兑换实行的严格限定的限制。外汇管制是介于自由汇兑与完全禁止汇兑之间的一个中间状态。无论在何种情况下，外汇管制

措施的目的都在于维护国内货币政策的独立性，使之免受贸易赤字、外债或本国生产资本控制权转移的威胁。[1] 艾因齐格（Einzig，1934）指出，只是在 1917 年之后第一次世界大战的交战各方才试图以此控制汇兑。在第一次世界大战爆发以前，古典金本位制度下的"三自由"原则意味着各个实施金本位制度的经济体放弃外汇管制，维持黄金的自由兑换、自由铸造和自由输出输入。

　　1949 年中华人民共和国成立之初，中国的金融体系尚不健全，市场秩序相对紊乱，外贸停顿。在改革开放以前，我国不接受外国来华投资，进出口方面按照国家的指令性计划进行。直至 20 世纪 60～70 年代，为发展对外贸易和航运事业，中国开始逐渐以贸易融资和中国银行吸收国外存款的方式利用西方国家资金，外资引进形式单一且金额很小。实际上，这段时期国际收支的资本项目是一个空白区（郭萍，2009）。因此，在改革开放之前，事实上并未区分经常账户和资本账户。若谈及此时的资本账户开放，则某种程度上，改革开放前中国并不存在严格意义上的资本账户开放。

二、改革开放以后至 1993 年经济转型期资本账户的严格管制

　　1978 年改革开放以后，中国的外汇体制改革也开始有序推进，逐步加强市场调节的作用，缩小指令性计划与指导性计划的比例。本书在第一章对这一阶段的中国外汇管理的历史沿革做了详细的分析，例如，这一阶段中国的外汇管理开始实行外汇留成制度，不再实行统收统支制度。

---

　　① 彼得·纽曼，默里·米尔盖特，约翰·伊特维尔. 新帕尔格雷夫货币金融大辞典第一卷 [M]. 北京：经济科学出版社，2000：787－789.

1980 年我国在恢复了国际货币基金组织合法席位以后，开始试编国际收支平衡表。同时，这一阶段，为了吸引外商直接投资，促进经济发展，我国开放了资本账户中的外商直接投资项目，其他项目依旧处于资本管制的状态。根据 CEIC 数据库提供的中国直接投资的数据，1982 年中国对外直接投资 4 400 万美元，接受外国对华直接投资 43 000 万美元。根据钦和伊藤（Chinn and Ito）计算的金融开放度指数，中国在 1984 ~ 1986 年的金融开放指数为 0. 1657，1987 ~ 1992 年的金融开放指数为 0①，该指数取值在 0 ~ 1 区间，数值越大，代表经济体的金融开放度越高。钦和伊藤金融开放指数是基于名义上对资本账户中子项的管制进行的计算。因此，这一数据一定程度上可以反映 1993 年之前在经济转型期我国对资本账户的严格管制。

中国的证券市场发展方面，1988 年前后在上海和深圳出现了地区性的股票交易，1990 年 12 月上海证券交易所、深圳证券交易所相继宣布开业，拉开了中国股票交易的序幕。1992 年，中国证券监督管理委员会正式成立，中国的股票交易逐渐走上了正规化和法制化的轨道。

在 1993 年召开的中共十四届三中全会上，中国政府通过的《关于建立社会主义市场经济体制若干问题的决定》明确指出，社会主义市场经济体制是同社会主义基本制度结合在一起的，建立社会主义市场经济体制，就是要使市场在国家宏观调控下对资源配置起基础性作用。

1993 年 12 月 28 日，中国人民银行发布《关于进一步改革外汇管理体制的公告》，宣布自 1994 年 1 月 1 日起实施一系列外汇体制改革的重大措施。这奠定了我国以银行结售汇和全国统一规范外汇市场为基础，以有管理浮动的市场汇率为核心的现行外汇管理体制基本框架。从此，人民币由完全不可兑换逐步走向经常项目完全可兑换、资本项目部分可兑换。

---

① 数据来源：Chinn-Ito 指数网站，http://web. pdx. edu/ ~ ito/Chinn-Ito_website. htm。

三、1994～2001 年市场经济初期阶段逐步放宽资本账户管制

从 1994 年 1 月 1 日起，对除个别企业外的中资企业，国家实行强制结汇，对于经常项目下的外汇需求，除个别商品外，贸易项下可凭交易凭证到外汇指定银行兑付；非贸易用汇，要经国家主官部门审批（郭萍，2009）。1994 年 4 月，中国外汇中心系统正式运营，全国统一、规范的银行间外汇市场正式建立。

1996 年中国正式接受国际货币基金组织的相关协定，消除了对经常项目中非贸易非经营性交易的汇兑限制，并放宽对因私用汇的汇兑限制；同时，积极开展相关的资本账户开放工作。从 CEIC 数据库提供的中国直接投资的数据看，1992 年作为一个临界点，1992 年中国对外直接投资首次超过 10 亿美元达到 40 亿美元，1991 年中国对外直接投资额仅为 9.13 亿美元；中国接受外国直接投资数额也从 1991 年的 43.66 亿美元增加到 1992 年的 111.56 亿美元。1993 年，中国的直接投资项目顺差 231.15 亿美元，此后，这一规模不断扩大，体现了中国对资本账户下直接投资项目的开放程度。

1997 年 7 月东南亚金融危机爆发，危机对经济造成的负面影响使各国重新审视资本账户开放。针对金融危机过程中逃汇、套汇、骗汇和外汇黑市非法活动比较突出的情况，中国政府在坚持对外开放和人民币在经常项目可兑换的前提下，承诺人民币不贬值，并加强金融监管，重点加强对资本流出的管制；完善外汇管理法规，加大外汇执法力度。东南亚金融危机爆发以后，循序渐进地推进资本账户的开放成为我国学术界和决策者的共识（郭萍，2009）。

事实上，中国境内的资本账户实行的是一种"名紧而实松"的管

制，即在名义上对资本账户中的许多子项保持着较为严格的管制，但在实践中，资本账户下的大部分子项目已有相当程度的开放。1999 年，中国"资本账户"下管制较严的子项有五个，主要包括对外直接投资项下的流出、居民对外股本证券投资、居民对外发行债券、居民在境外购买债券和居民借用外债、非居民在境内证券市场（除 B 股市场以外）发行证券和证券交易；管制较松的子项有 11 个，包括外商在华直接投资、居民在境外发行股票、居民对外借款的还本、贸易信贷流入等；基本没有管制的（包括尚未有管制规定的）子项有 12 个，包括外商在华直接投资流出、非居民股本证券投资（B 股）的流出流入、现钞流入管理等（王国刚，2003）。

四、加入 WTO 至 2005 年逐步实现资本项目可兑换

2001 年 12 月，中国正式加入 WTO，这意味着中国与世界市场的联系更加紧密，意味着扩大境内市场准入。根据中国加入 WTO 的承诺，在 3～5 年的时间内，境内的银行业、保险业等金融产业将逐步实现基本对外开放，证券业、信托业等金融产业也必须加速对外开放（王国刚，2003）。

关于直接投资，2001 年 8 月，开始实施对外商投资项下资本金结汇方式改革的措施。根据商务部 2003 年 1 月发布的相关文件，为进一步改善外商投资环境，提高外商投资项下资本金结汇监管效率，便利企业投资资金运作，国家外汇管理局决定在总结前段部分地区试点经验的基础上，在全国范围内实施外商投资项下资本金结汇管理方式改革。改革外商投资项下资本金结汇管理方式，是指改变目前外商投资项下资本金结汇由国家外汇管理局各分支局、外汇管理部逐笔审批，银行凭外汇局核准件办理的管理方式，实行外商投资项下资本金结汇授权外汇指定银行直接审核办理。即

外汇局根据相关条件，将外商投资项下资本金结汇核准权授予符合条件的银行，由银行在权限范围内履行审核、统计监测和报备责任。外汇局通过被授权银行对外商投资项下资本金结汇实施间接监管。[①] 从中国的直接投资状况看（见图 3.1），2001 年开始，中国接受外国对华直接投资数额不断增加，2005 年达到 1 041.08 亿美元，同年，中国对外直接投资 137.30 亿美元，是自 1982 年以来的最高值。

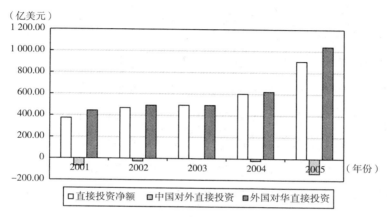

图 3.1 2001～2005 年中国直接投资状况

资料来源：CEIC。

2002 年以后，中国资本账户开放的力度逐渐加大，例如，2002 年 4 月，我国出台了一系列的政策，鼓励广大企业对自身的债务结构予以积极的调整。同时，取消了一定的资本账户限制，包括购汇提前偿还国内外汇贷款等。2002 年 11 月，取消境内机构境外投资外汇风险审查等。值得注意的是，2002 年 12 月，外汇管理局联合证监会共同推出了"合格境外机构投资人"（Qualified Foreign Institutional Investor，QFII）制度，获得中国证监会资格批准和国家外汇管理局额度批准的 QFII，可以投资

---

① 资料来自中华人民共和国商务部官方网站，"国家外汇管理局关于改革外商投资项下资本金结汇管理方式的通知"，2003 年 1 月 14 日，http://www.mofcom.gov.cn/article/bh/200301/20030100062929.shtml。

中国境内证券市场上包括股票、债券和基金等多种以人民币标价的金融工具。

2003 年 10 月，中共十六届三中全会正式提出"在有效防范风险的前提下，有选择、有步骤放宽对跨境资本交易活动的限制，逐步放宽资本项目可兑换"。2003 年 11 月，我国对境外投资外汇管理工作进行改革，进一步提高我国的资本账户开放水平。

2004 年 8 月，中国保监会联合中国人民银行共同发布《保险外汇资金境外运用管理暂行办法》，允许保险公司利用自有的外汇资金进行境外投资，保险公司从事外汇资金的境外运用，应当具备以下条件：具有经营外汇业务许可证、上年末总资产不低于 50 亿元人民币、上年末外汇资金不低于 1 500 万美元或者其等值的自由兑换货币等。保险外汇资金的境外运用限于下列投资品种或者工具：银行存款、外国政府债券、国际金融组织债券和外国公司债券、中国的政府或者企业在境外发行的债券、银行票据、大额可转让存单等货币市场产品、国务院规定范围内的其他投资品种和工具等。其中，对于允许投资的债券、货币市场产品等有相应的规定：债券是指国际公认评级机构对其评级在 A 级或者相当于 A 级以上的债券；货币市场产品是指国际公认评级机构对其评级在 AAA 级或者相当于 AAA 级的货币市场固定收益产品。① 2004 年 11 月，《个人财产对外转移售付汇管理暂行办法》发布。该暂行办法规定，个人财产对外转移包括移民财产转移和继承财产转移。移民财产转移是指从中国内地移居外国，或者赴香港特别行政区、澳门特别行政区定居的自然人，将其在取得移民身份之前在境内拥有的合法财产变现，通过外汇指定银行购汇和汇出境外的行为。继承财产转移是指外国公民或香港特别行政区、澳门特别行政区居民将依法继承的境内遗产变现，通过外汇指定银行购汇和汇

① 资料来自中华人民共和国商务部官方网站，"中国保险监督管理委员会、中国人民银行令 2004 年第 9 号，公布《保险外汇资金境外运用管理暂行办法》"，2004 年 11 月 3 日，http: // www. mofcom. gov. cn/article/b/g/200411/20041100300058. shtml。

出境外的行为。[①] 2004 年年底，经财政部批准，世界银行下属的国际金融公司、亚洲开发银行和日本的国际协力银行三家国际金融机构可以在中国境内发行总额为 40 亿元的人民币债券。[②] 由此可见，在这一阶段，中国正逐步开放资本账户。

五、2005 ～ 2015 年资本账户开放步伐加快

2005 年开始，中国开放资本账户的步伐开始加快，但对某些项目如国际开发机构发行人民币债券等仍然保持管制的措施。

对于跨境的债权债务，2005 年 2 月，中国人民银行、财政部、国家发展和改革委员会与中国证券监督管理委员会共同制定了《国际开发机构人民币债券发行管理暂行办法》（以下简称《暂行办法》），《暂行办法》在 2010 年 9 月 16 日作了修订，其中规定国际开发机构作为发债主体，在中国境内发行人民币债券应具备以下条件：财务稳健，资信良好，经两家以上（含两家）评级公司评级，其中至少应有一家评级公司在中国境内注册且具备人民币债券评级能力，人民币债券信用级别为 AA 级（或相当于 AA 级）以上；已为中国境内项目或企业提供的贷款和股本资金在 10 亿美元以上，经国务院批准予以豁免的除外；所募集资金应优先用于向中国境内的建设项目提供中长期固定资产贷款或提供股本资金，投资项目符合中国国家产业政策、利用外资政策和固定资产投资管理规定。主权外债项目应列入相关国外贷款规划。另外，《暂行办法》第八条指出，财政部及国家有关外债、外资管理部门，按照国务院部门分工对发债所筹资金发放的贷

① 资料转引自中华人民共和国中央人民政府官方网站，"中国人民银行公告（2004）第 16 号"，http：//www. gov. cn/gongbao/content/2005/content_64294. htm。

② 资料引自新浪网，"外资机构首次在华发人民币债券获批"，2005 年 1 月 3 日，http：//finance. sina. com. cn/nz/fundco/jjzj/20050103/09361267085. shtml。

款和投资进行管理。① 2005 年 10 月，国家外汇管理局发布《关于完善外债管理有关问题的通知》，该通知明确指出，为促进境内企业合理、有序地利用外资，完善外债管理，根据《中华人民共和国外汇管理条例》《外债统计监测暂行规定》《外债管理暂行办法》及其他相关法律规定，境内机构 180 天（含）以上、等值 20 万美元（含）以上延期付款纳入外债登记管理；境内注册的跨国公司进行资金集中运营的，其吸收的境外关联公司资金如在岸使用，应纳入外债管理等。②

在跨境直接投资方面，2005 年 5 月，国家外汇管理局发布《关于扩大境外投资外汇管理改革试点有关问题的通知》，为促进我国企业到境外投资的便利化，深化境外投资外汇管理改革，国家外汇管理局决定在总结 2002 年以来在部分地区开展境外投资外汇管理改革试点（以下简称"试点"）经验的基础上，将此项试点扩大到所有地区。2006 年 6 月，国家外汇管理局发布《关于调整部分境外投资外汇管理政策的通知》，该通知明确说明，境内投资者到境外投资所需外汇，可使用自有外汇、人民币购汇及国内外汇贷款。自 2006 年 7 月 1 日起，国家外汇管理局不再对各分局（外汇管理部）核定境外投资购汇额度。③ 该政策措施旨在满足中国对外经济发展的需要，进一步完善鼓励境外投资的配套政策，便利境内投资者开展跨国经营。在政策的支持下，中国对外直接投资数量有了明显的增加（见图 3.2）。以 2005～2015 年中国的对外投资状况为例，2005 年中国对外直接投资 137.30 亿美元，2008 年增加到 567.42 亿美元，是 2005 年中国对外直接投资数额的 4 倍有余，2015 年则增加到 1 231.30 亿美元。

① 引自中国证券监督管理委员会，"国际开发机构人民币债券发行管理暂行办法"，2005 年 2 月 18 日，http：//www.csrc.gov.cn/pub/newsite/flb/flfg/bmgf/fx/jwjgfx/201012/t20101231_189679.html。
② 资料来自国家外汇管理局官方网站，"国家外汇管理局关于完善外债管理有关问题的通知"，2005 年 10 月 21 日，内容位置："政策法规"→"资本项目外汇管理"→"跨境债权债务"。
③ 资料来自国家外汇管理局官方网站，"国家外汇管理局关于扩大境外投资外汇管理改革试点有关问题的通知"，内容位置："政策法规"→"资本项目外汇管理"→"跨境直接投资"。

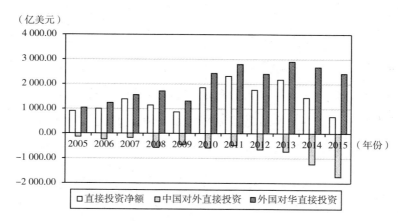

图 3.2　2005～2015 年中国直接投资状况

资料来源：CEIC 数据库。

值得注意的是，2005 年 10 月 11 日，中共十六届五中全会通过的"十一五"规划明确指出，要"稳步进行利率市场化改革，完善有管理的浮动汇率制度，逐步实现人民币资本项目可兑换"，这是我国首次将人民币资本项目可兑换问题纳入五年规划之中。

在跨境证券投资方面，继 2002 年国家外汇管理局出台了《合格境外机构投资者境内证券投资管理暂行办法》以后，《合格境外机构投资者境内证券投资管理办法》经中国证券监督管理委员会第 170 次主席办公会、中国人民银行第 4 次行长办公会和国家外汇管理局第 5 次局长办公会审议通过，自 2006 年 9 月 1 日起实施。2006 年 4 月，中国人民银行、银监会、外汇管理局共同发布《商业银行开办代客境外理财业务管理暂行办法》，标志着正式开始实施"境内合格机构投资者制度"。2006 年 8 月，中国证监会首先批准了华安基金管理有限公司进行 QDII 试点。2006 年 9 月，国家外汇管理局批准了该公司 5 亿美元的境外投资额度，并发布了《关于基金管理公司境外证券投资外汇管理有关问题的通知》。到 2006 年年底，共有 15 家商业银行、15 家保险公司和 1 家基金管理公司获得 QDII 资格，并分别获批 134 亿美元、51.74 亿美元和 5 亿美元的总投资额度。

另外，2007 年 8 月 20 日，国家外汇管理局宣布批准中国境内个人直接对外证券投资业务试点。天津滨海新区作为首个试点地区，境内居民被允许以自有外汇或通过人民币购汇直接投资海外证券市场。香港证券市场作为私人海外证券投资的初期选择市场，并且投资规模可以高于年度 5 万美元的购汇总额限制；人民币购汇投资的本金和收益可以保留外汇，也可以在开户行结汇。这成为中国资本账户开放进程中一个具有里程碑式的举措。2013 年放宽了对 QDII 的管理，简化了相关的审批程序。

在推进人民币国际化方面，2009 年 7 月，人民币跨境贸易结算被正式授权在上海等五个城市开展，极大地推动了人民币国际化进程。2011 年 8 月 17 日，时任国务院副总理的李克强在香港出席论坛时表示，将允许以人民币境外合格机构投资者方式（RQFII）投资境内证券市场，起步金额为 200 亿元。2011 年 12 月 16 日，证监会、央行、外汇局联合发布《基金管理公司、证券公司人民币合格境外机构投资者境内证券投资试点办法》，允许符合条件的基金公司、证券公司香港子公司作为试点机构开展 RQFII 业务。该业务初期试点额度约人民币 200 亿元，试点机构投资于股票及股票类基金的资金不超过募集规模的 20%。2013 年 2 月，《人民币合格境外机构投资者境内证券投资试点办法》经中国证券监督管理委员会 2013 年 2 月 17 日第 28 次主席办公会议、中国人民银行 2013 年 2 月 26 日第 2 次行长办公会议、国家外汇管理局 2013 年 2 月 21 日第 2 次局长办公会议审议通过。

2013 年中共十八届三中全会提出"推动市场双向开放，有序提高跨境资本和金融交易的可兑换程度，建立健全宏观审慎管理框架下的外债和资本流动管理体系，加快实现人民币资本项目可兑换"。因此，这一时期，中国资本账户开放进程呈现出加快开放的特征。

六、2015 年以后有序推进资本账户可兑换

2015 年的中国金融市场经历了诸多变动，如 2015 年 6 月的股市灾难，2015 年 8 月的人民币贬值，三天内累计贬值超过 3 个百分点。国际经济环境的不确定性也在加强，如美联储推迟加息，在这样的背景下，中国资本账户开放的历程进入有序开放阶段。2015 年 10 月，《中共中央关于制定国民经济和社会发展第十三个五年规划的建议》中提出要"扩大金融业双向开放，有序实现人民币资本项目可兑换，推动人民币加入特别提款权，成为可兑换、可自由使用货币"。

2015 年 10 月，由中国人民银行、商务部、银监会、证监会、保监会、外汇局、上海市人民政府联合发布《关于印发〈进一步推进中国（上海）自由贸易试验区金融开放创新试点 加快上海国际金融中心建设方案〉的通知》（以下简称《通知》），《通知》明确指出，根据积极稳妥、把握节奏、宏观审慎、风险可控原则，加快推进资本项目可兑换、人民币跨境使用、金融服务业开放和建设面向国际的金融市场，不断完善金融监管，大力促进自贸试验区金融开放创新试点与上海国际金融中心建设的联动，探索新途径、积累新经验，及时总结评估、适时复制推广，更好地为全国深化金融改革和扩大金融开放服务。《通知》第二条明确指出，为实现人民币资本项目可兑换，按照统筹规划、服务实体、风险可控、分步推进原则，在自贸试验区内进行人民币资本项目可兑换的先行先试，逐步提高资本项下各项目可兑换程度；《通知》中第三条提出扩大人民币境外使用范围，推进贸易、实业投资与金融投资三者并重，推动资本和人民币"走出去"。[1]

---

[1]　转引自中央政府门户网站，"关于印发《进一步推进中国（上海）自由贸易试验区金融开放创新试点 加快上海国际金融中心建设方案》的通知"，2016 年 3 月 18 日，http://www.gov.cn/zhengce/2016 – 03/18/content_5055131.htm。

2015 年以来，受到国内外经济环境变化以及国内相关政策的影响，中国直接投资状况发生了较为重要的变化（见图 3.3）。2016 年，中国对外直接投资净额为 – 416.74 亿美元，为 1982 年以来首次出现对外直接投资逆差。可见，在大力推动"中国企业'走出去'"的背景下，中国的国际收支数据首次实现了对外直接投资规模超过了对华直接投资规模。另外，根据联合国贸易和发展会议（United Nations Conference on Trade and Development，UNCTAD）提供的 2017 年世界投资报告（World Investment Report，2017），在 2015 年和 2016 年全球吸引外商直接投资排名前 20 的经济体中，中国位列美国、英国之后，排名第三位；在 2015 年和 2016 年全球对外直接投资排名前 20 的经济体中，中国仅位列美国之后，排名第二位。因此，无论是对外直接投资还是吸引外国直接投资，中国正积极参与全球直接投资，且地位正不断提升，这也是中国参与全球经济发展的重要体现。

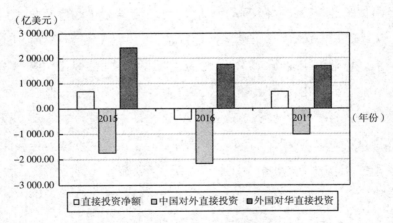

图 3.3　2015 ~ 2017 年中国直接投资状况

资料来源：CEIC 数据库。

2016 年 2 月 17 日，中国人民银行发布《关于进一步做好境外机构投资者投资银行间债券市场有关事宜的公告》，明确指出中国人民银行鼓励境外机构投资者作为中长期投资者投资银行间债券市场，并对境外机构投资者的投资行为实施宏观审慎管理。境外机构投资者可按照外汇管理的有关规定办理相关资金的汇兑。符合条件的境外机构投资者可在银行间债券市场开展债券现券等经中国人民银行许可的交易。[①] 2016 年 12 月 5 日，"深港通"正式开通，在延续"沪港通"交易、结算、监管制度的基础上进一步取消了总额度限制和降低了交易成本，真正开启了深、沪、港市场的互联互通，为实现中国资本市场开放发挥了重要推动作用。2017 年 6 月，摩根士丹利资本国际公司（Morgan Stanley Capital International，MSCI）宣布将 A 股纳入 MSCI 指数[②]，标志着中国资本市场国际化程度进一步提高。中国人民银行发布公告，2017 年 7 月 3 日内地与香港债券市场互联互通合作（简称"债券通"）上线试运行。初期主要开通"北向通"，即境外投资者经由"债券通"投资于内地银行间债券市场的机制安排。公告首日，"债券通"交易金额超过 70 亿元人民币。"债券通"上线是我国债券市场开放重要里程碑事件。2017 年 11 月，中国政府表示将大幅度放宽金融市场准入，证券基金和期货等机构外资持股比例放宽至 51%，取消对中资银行和资产管理公司外资单一持股不超过 20% 等限制（管涛，2018）。

第二节　对中国资本账户开放度的测算

通过对中国资本账户开放历程进行梳理可以发现，中国的资本账户在 2005 年以后进入了有序开放阶段。随着一国经济与世界经济融合度的增强，经济体的政策当局需要不断在资本账户管制以保持宏观金融稳定与资

---

① 资料来自中国人民银行官方网站，中国人民银行公告〔2016〕第 3 号，2016 年 2 月 24 日，http：//www.pbc.gov.cn/goutongjiaoliu/113456/113469/3021203/index.html。

② 摩根士丹利资本国际公司（MSCI）（又译明晟）是美国指数编制公司，总部位于纽约。MSCI 是一家股权、固定资产、对冲基金、股票市场指数的供应商，其旗下编制了多种指数。明晟指数（MSCI 指数）是全球投资组合经理最多采用的基准指数。

本账户开放以促进本国经济增长之间进行权衡，这也意味着政策制定者需要判断本国宏观经济对世界经济波动带来的金融风险的承受力。为了量化分析金融全球化对一国经济的影响，需要衡量一国的资本账户开放度。本节将先总结已有的资本账户开放度测算方法，在此基础上对中国的资本账户开放度进行测算，以为后续研究提供分析基础。

一、资本账户开放度的测算方法

衡量资本账户开放度的测算方法大体上可以分为三种：法定开放度指标（de-jure indicators）、事实开放度指标（de-facto indicators）以及综合开放度指标（hybrid indicators）。其中综合开放度指标的测算方式是对前两种指标的一种融合（Quinn et al.，2011）。

（一）法定开放度指标

法定开放度指标主要是通过考察一国资本账户相关的政策法规，构建相应的变量进行评分以衡量经济体资本账户的开放程度。国际货币基金组织发布的《汇兑安排和汇兑限制年报》（Annual Report on Exchange Arrangements and Exchange Restrictions，AREAER）是众多构建资本账户法定开放度指标研究的重要参考依据。

比较早地使用 AREAER 对资本账户开放度进行测算的是爱泼斯坦和朔尔（1992），他们利用 AREAER 公布的各经济体资本账户管制指标对 16 个经济合作与发展组织国家 1967~1986 年的资本管制程度进行了计算。[1] 由

---

① Epstein, G. A., and J. B. Schor. Structural Determinants and Economic Effects of Capital Controls in OECD Countries. In Financial Openness and National Autonomy, ed. by T. Banuri and J. B. Schor（Oxford：Clarendon Press），1992.

于 1996 年以前 IMF 发布的 AREAER 中关于各国资本账户下子项目"开放"或"封闭"是按照"部分开放""显著但不完全开放""完全封闭"等进行分类并依据这种大的分类进行赋值，因此，在利用测算出的资本账户开放度作为解释变量进行经济增长率的回归分析时，会存在系统性的测量误差，导致系数估计有偏（Voth，2003）。另外，1996 年以前 IMF 发布的 AREAER 中仅报告对居民的限制，1996 年之后的 AREAER 细化了资本账户下具体子项目的管制情况，区分了投资者类型和资产类型，新的 ARE-AER 从 13 个方面报告了资本账户交易的限制信息。后续的研究，例如约翰斯顿和塔米里萨（1998）运用细化后的 AREAER 对 45 个国家资本账户下具体的交易子项目按照预先设定的标准予以打分，最终汇总出资本账户开放度分值，以测算资本账户开放度。[①]

在利用 AREAER 对各经济体资本账户开放度进行测算的研究中，钦和伊藤（Chinn and Ito，2006）的研究具有较强的代表性。钦和伊藤（2006）通过对经常账户、金融账户等子项的限制信息，构建了诸多指标，并运用滚动平均（rolling average）等处理方式最终选取各指标的第一标准主成分得分（the first standardized principle component）作为各经济体金融开放度指标。

（二）事实开放度指标

由于法定开放度指标无法反映资本账户下交易的真实状况，或者对某一领域的管制也可能引发其他的资本流动，即使是资本项目管制得分相同的经济体对资本管制的具体运用也有差别，因此，有研究者开始尝试构建基于事实的开放度指数以反映资本流动的强度，即金融控制的量级（mag-

---

① Johnston, R. B., and N. T. Tamirisa. Why Do Countries Use Capital Controls? IMF Working Paper No. 98/181（Washington，DC：International Monetary Fund），1998.

nitude）或幅度（breadth），这样的测度方式同样区分居民和非居民之间的交易。

在基于事实的资本账户开放指标测算中，莱恩和米莱西费雷蒂（2006，2007）构建的指数（记为 TOTAL）是应用最为广泛的研究之一，该指标反映了经济体在国际金融市场中的参与程度。TOTAL 指数的计算是基于一国总资产与总负债的和与其 GDP 的相对比值，还包括证券项、FDI 项、债务项、金融衍生品项以及各自的资产与负债。

另外，克雷（Kraay，1998）利用资本实际流入和流出总规模占国内生产总值的比重来测算一国资本账户开放度也具有较强的代表性。克雷（1998）运用国际收支平衡表中资本和金融账户下各子项目的资本流入和流出的规模总量与 GDP 的比值来测算资本账户开放程度。

（三）综合开放度指标

基于实际资本流动进行测算的资本账户开放度指标尽管可以反映资本流动的规模，但无法切实反映具体的资本管制措施以及资本管制的强度。因此，有学者尝试构建综合开放度指标，如爱迪生和沃诺克（2003）构建了月度的资本账户开放度指标，该指标基于国内证券被国外投资者购买的份额进行计算，在其更新的版本中，其指数的时间范围是 1989 年至 2006 年 8 月。爱迪生和沃诺克（2003）构建的指数之所以属于综合开放度指数是因为某一只股票是否对外国投资者开放反映了法律上的限制，而指数的计算则体现了基于事实的开放程度。

二、中国资本账户开放度的测度

基于前文的分析，存在诸多测算资本账户开放度的方法，但每一种方法均存在一定的优势和弊端。鉴于此，本书将结合中国的实际情况以及已有的研究对中国的资本账户开放度进行测算，以多角度考察中国的资本账户开放状况。

（一）　法定开放度指标角度的中国资本账户开放度

在法定开放度指标的测算中，最有影响力的是辛和藤（2006）计算的资本账户开放度指数（The Chinn-Ito index，记作 KAOPEN），该指数覆盖182 个经济体，时间范围为 1970～2015 年。标准化后的 KAOPEN 指数在0～1 之间变动，数值越大表示资本账户开放度越高，美国在其样本区间内（1970～2015 年）的 KAOPEN 指数均为 1，表示美国的资本账户开放度最高。另外，以英国为例，英国的 KAOPEN 指数在 1970 年为 0，1971～1978年为 0.2488，1979 年以后 KAOPEN 指数不断增加，1983 年达到 1，直到样本期截止的 2015 年始终为 1，代表 1983 年以后，英国的资本账户开放程度与美国在同一水平。

在 KAOPEN 指数中，中国的资本账户开放度指标的时间范围是 1984～2015 年（见表 3.1）。表 3.1 中的 kaopen 列为依据原始数据计算出的第一主成分，ka_open 列为标准化以后的资本账户开放度指数。在中国的KAOPEN 指数结果中，1984～1986 年，标准化以后的中国资本账户开放度为 0.1657（保留小数点后第四位），1987～1992 年标准化以后的中国资本账户开放度为 0，意味着此阶段中国资本账户管制十分严格，1993～2015年标准化以后的中国资本账户开放度重新回到 0.1657。从结果上看，这与中国的资本账户开放历程不是十分吻合，尤其是 2005 年以后，中国逐步加快资本账户的开放步伐，但在 KAOPEN 指数中没有反映出这一现实状况。

表 3.1　　　　中国 1984~2015 年 Chinn-Ito 资本账户开放度指数（KAOPEN）

年份	kaopen	ka_open
1984~1986	-1.194733143	0.165697038
1987~1992	-1.903585792	0
1993~2015	-1.194733143	0.165697038

资料来源：Chinn-Ito 指数网站，http://web.pdx.edu/~ito/Chinn-Ito_website.htm。

　　由于中国的资本账户开放的变化主要集中体现在证券市场的对外开放，因此，本书拟对中国证券市场的对外开放程度进行测算。① 本书借鉴对资本项目开放程度或者管制程度的 IMF 测度方法的思路，根据《汇兑安排和汇兑限制》有关资本账户 11 个大项中与证券市场开放有关的四个子项汇兑限制每年的变化程度，按照预先设定的标准予以打分，最终汇总出证券市场开放度分值，具体评分标准如下。

　　选择的四个子项分别是股票市场、债券市场、共同投资证券和金融衍生品市场。按照资本流入、流出和汇总分别计分，每一子项流入和流出的计分范围分别为 0~1。计分标准：计分起始年份选择为官方开放日期的前一年，前一年四个子项均按照 0 分计分。此后根据《汇兑安排与汇兑限制年报》对每一项交易管制法规的具体描述，按照其变化程度予以打分；如果限制相对于上一年放松则加分，反之则减分。具体加减分的标准为：特别重大政策调整加减 1 分，重大政策调整加减 0.5 分，一般政策调整或者涉及数量和宽严变化的政策调整加减 0.25 分，涉及投资限额频繁调整的政策变化根据其变化幅度和频率分别计 0.1 或者 0.05 分。按照以上标准计分后，证券市场流入得分为各年各子项流入得分汇总除以 4 得出，同理，证券市场流出得分为各年各子项流出得分汇总除以 4 得出；证券市场开放度的总分由各子项流入和流出得分汇总除以 8 得出。表 3.2 给出了 1990~2016 年中国证券市场开放度的测算结果，2001 年开始，中国证券市场的开

---

　　① 对中国证券市场开放度计算的结果来自本书作者与学生王芳合作的工作论文《基于 GARCH 模型的中国证券市场开放度对资本成本的影响研究》，截至本书完稿，该论文尚未公开发表。

放度不断增加，另外，2001 年开始，证券市场流出的得分从 0 增加到 0.0625，表明中国对证券市场资本流出管制逐步放松；尤其是 2005 年以后，中国证券市场开放程度不断加深，体现为总得分不断增加，该结果与中国实际的资本账户开放历程较为吻合，因此，该结果可以作为后续研究中国证券市场开放度或中国资本市场开放度法定开放度指标的有益参考。

表 3.2　　　基于 AREAER 评分的 1990 ~ 2016 年中国证券市场开放度

年份	股票市场		债券市场		共同投资证券		衍生品市场		流入得分	流出得分	总得分
	流入	流出	流入	流出	流入	流出	流入	流出			
1990	0	0	0	0	0	0	0	0	0	0	0
1991	+0.25								0.0625	0	0.0313
1992									0.0625	0	0.0313
1993	+0.25								0.125	0	0.0625
1994									0.125	0	0.0625
1995									0.125	0	0.0625
1996									0.125	0	0.0625
1997									0.125	0	0.0625
1998									0.125	0	0.0625
1999									0.125	0	0.0625
2000									0.125	0	0.0625
2001								+0.25	0.125	0.0625	0.0938
2002	+0.25								0.1875	0.0625	0.1250
2003									0.1875	0.0625	0.1250
2004									0.1875	0.0625	0.1250
2005									0.1875	0.0625	0.1250
2006		+0.25			+0.25				0.1875	0.1875	0.1875
2007		+0.25							0.1875	0.25	0.2188
2008									0.1875	0.25	0.2188
2009		+0.1							0.1875	0.275	0.2313
2010							+0.25		0.25	0.275	0.2625
2011		+0.25							0.3125	0.275	0.2938
2012									0.3125	0.275	0.2938
2013									0.3125	0.275	0.2938
2014	+0.25	+0.25							0.375	0.3375	0.3563
2015									0.375	0.3375	0.3563
2016	+0.25	+0.25							0.4375	0.4	0.4188

資料来源：笔者计算而得。

（二）事实开放度指标角度的中国资本账户开放度

事实开放度指标基于一国实际资本流动状况以衡量资本账户开放程度，尽管基于事实的开放度指标能够反映绕过资本管制发生的跨境资本流动，但对于资本账户各子项下的资本管制或资本开放以及资本开放的程度无法呈现于指标中。尽管如此，学术界仍广泛使用基于事实的资本账户开放度指标以测算经济体的资本账户开放度。

基于克雷（1998）的比率指标，计算国际收支平衡表中金融账户下的资本流动总规模与 GDP 的比值对中国资本账户开放度进行刻画，如公式（3.1）所示：

资本账户开放度 =（跨国直接投资 + 证券投资 + 其他投资）/GDP

（3.1）

公式（3.1）中分子的 3 项在计算时取绝对值，以反映资本流动的绝对规模。公式（3.1）的计算具有数据可得的优势，但非常规的资本流动即难以被官方数据追踪的跨境资本流动无法反映出来。从近年来中国国际收支平衡表中数额巨大的净误差与遗漏项可以反映出，中国可能正面临着大规模的非常规的跨境资本流动。根据国家外汇管理局网站公布的中国国际收支平衡表时间序列数据，2009 年，中国国际收支的净误差与遗漏项逆差 414 亿美元，2010 年逆差 529 亿美元，2011 年降低为 – 138 亿美元，但 2012 年则增加至 – 871 亿美元。值得注意的是，2015 ~ 2017 年，每年的净误差与遗漏项逆差额均超过 2000 亿美元。该数据体现了某种程度上中国正面临着较大规模的资本流出。因此，测度资本账户开放度时，将非常规的资本流动考虑在内是有必要的。[①]

---

① 黄获瑜，靳玉英. 中国资本账户实际开放度的测度 [J]. 上海金融，2006（5）：54 – 56.

对于非常规的资本流动，本书采用传统的世界银行残值法（1985）进行估算，如公式（3.2）所示[①]：

$$非常规的资本外逃 = 经常账户顺差 + FDI净流入 + 外债增量 \\ - 外汇储备增量 \quad (3.2)$$

另外，从2015年起，中国的国际收支平衡表中金融账户项下的金融衍生工具项目下的资本流动开始大于0，因此，本书也一并将金融衍生工具项目下的资本流动考虑在内。因此，公式（3.1）修正为：

$$资本账户开放度 = （官方统计的资本流动 + 非常规的资本外逃）/GDP \\ = （跨国直接投资 + 证券投资 + 金融衍生工具 \\ + 其他投资 + 非常规的资本外逃）/GDP$$

$$(3.3)$$

其中，分子中5个子项在相加时均先取绝对值，再求和；然后计算与GDP的比值，作为衡量中国资本账户开放度的事实开放度指数。计算中涉及的国际收支平衡表数据、GDP数据、外债余额数据来自国家外汇管理局网站；人民币与美元的双边汇率数据来自CEIC数据库，汇率数据的频度为月数据，通过取平均值的方式转换为年数据，进而对单位为十亿元人民币的GDP数据进行折算，换算为美元为单位。计算后得到的基于事实开放度指标的中国资本账户开放度结果如图3.4所示。

从图3.4中可以看出，从1994年开始，基于实际资本流动角度的中国资本账户开放度并未展现出某种确定性的趋势变化。1998年以后，基于事实角度测算的中国资本账户开放程度下降，这与东南亚金融危机爆发以后包括中国在内的经济体重视资本管制的背景密切相关。中国加入WTO以后，中国与世界经济的联系愈加紧密，2002~2004年期间，正如图3.4所展示的中国的资本账户开放度不断增加，但在2005年指标有所下降，这与

---

① World Bank. World Development Report, Washington D. C. , 1985.

2005 年中国的 GDP 总量较高有明显关系，而非中国资本管制的加强。受到 2008 年国际金融危机的影响，中国面临的跨境资本流动规模有所下降，这主要是基于跨境资本流动的特征所致。危机期间，跨境资本流动容易出现大规模的下降，危机后跨境资本流动再度进入活跃期（Alberola et al., 2016）。2014 年以后，尽管跨境资本流动的绝对规模逐年上升，但受到算法的限制，由于中国的 GDP 绝对规模较高且增速较快，计算出的基于 GDP 规模的资本账户开放度指标有所下降，这也体现了基于事实角度测算资本账户开放度方法存在的弊端。

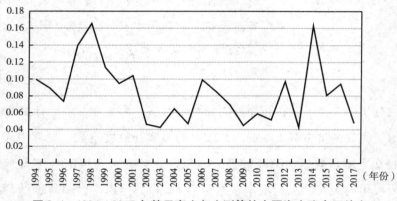

图 3.4　1994～2017 年基于事实角度测算的中国资本账户开放度

第四章

资本账户开放背景下中国外汇储备
审慎性需求管理的实证分析

第一节　外汇储备管理的目标

对于外汇储备管理的目标，本章将从两个角度展开论述：一是国际货币基金组织提供的外汇储备管理架构以及相应的外汇储备管理目标；二是中国基于资本账户开放的事实而形成的外汇储备管理目标。

一、国际货币基金组织提供的外汇储备管理架构

根据国际货币基金组织对国际储备概念的界定，国际储备是货币当局可以使用的且在其控制之下的对外金融资产。国际储备可以用于弥补国际收支不平衡、干预外汇市场或者其他目标，如支撑投资者对本国经济和本国货币的信心、作为本国实施国际借贷的基础等。

关于外汇储备管理，国际货币基金组织 2012 年公布了相关的指导性文件——《外汇储备管理指南》修订版（Revised Guidelines for Foreign Exchange Reserve Management）（以下简称《指南》）。《指南》强调，经济体持有官方储备至少为了支持以下目标：

（1）必要时使用官方储备干预市场以支持和保障国内的货币政策与汇率政策的效果；

（2）通过保持外国货币充足的流动性以吸收危机期间的金融冲击，从而控制经济的外部脆弱性；

（3）保持与外债规模相当的储备资产以保持投资者对国内市场的信心；

（4）通过持有对外资产以保持市场对本国货币的信心；

（5）满足政府的用汇需求以及政府外债的偿付需求；

（6）为应对国家的突发性事件而持有外汇资产。

《指南》强调，外汇储备管理的目标包括：第一，为了满足一系列特定的目标，经济体应该持有充足的外汇储备；第二，外汇储备管理应该对流动性风险、市场风险和信用风险等保持谨慎的态度；第三，限于流动性风险和其他风险的约束，合理的储备盈余主要来自外汇储备资产的中长期投资。值得注意的是，《指南》强调，合理的外汇储备管理应该能够增强一国或区域联盟抵御各种冲击的能力，尤其在金融危机爆发期间。

对于外汇储备管理的策略，《指南》指出，储备管理策略应该与一国特定的政策环境相适应，尤其应与一国的货币政策和汇率安排相一致。

二、中国外汇储备管理的目标

国家外汇管理局官方网站提供的《国家外汇管理局年报（2017）》①

———————————

① 《国家外汇管理局年报（2017）》来自国家外汇管理局官方网站→出版物→国家外汇管理局年报。

明确指出，"外汇储备是我国宏观经济稳健运行的重要保障。外汇储备在维持国际支付能力、防范金融风险、抵御危机冲击等方面发挥了重要作用"，"外汇管理部门将……把促进贸易投资自由化便利化以服务实体经济、深化金融体制改革以防控系统性金融风险放到更加突出的位置"，要"维护外汇市场稳定，防范跨境资本流动风险，保障外汇储备安全、流动和保值增值，维护国家经济金融安全"。由此可见，中国的外汇储备经营管理十分重视外汇储备维护国际收支平衡的功能，以及外汇储备保持经济金融稳定的功能。另外，中国人民银行 2005 年成立金融稳定分析小组并每年发布《中国金融稳定报告》，体现了政策当局对金融体系稳健性状况的高度重视。外汇储备作为货币当局政策工具篮子中的一种，应当在维护金融稳定方面发挥重要作用。

有研究指出，外汇储备的积累有助于保持一国金融稳定（Obstfeld et al.，2010）。危机前持有较高外汇储备①的国家，在金融危机中其经济波动更小，尤其是在资本账户开放度不高的情况下（Matthieu Bussière et al.，2015）。对于受到金融危机冲击的国家，实行临时性的资本管制对于缓解国际金融危机的冲击，也可以起到有效遏制危机进一步扩散的作用。2008年雷曼兄弟倒闭继而对全球金融系统产生巨大冲击，冰岛是此次金融危机中最先遭受重大冲击的国家。冰岛三大银行（格利特尼尔，考普森和冰岛国民银行）面临信贷枯竭，而三大银行的资产总额超过冰岛全年 GDP 总额的 14 倍（C. W. Reykjavik，2015），这迫使冰岛政府实施资本管制以阻止资本外逃和本国货币的进一步贬值。随后，冰岛经济稳步复苏，并于 2015年 6 月解除资本管制。而冰岛的国际储备在金融危机期间并未出现下降态势，冰岛在应对国际金融危机、保持金融稳定方面使用资本管制替代了使用国际储备。

---

①　这里指的是外汇储备的相对规模，马蒂厄·布希尔等（2015）选择外汇储备与短期债务的比值。

　　然而，有研究表明，资本管制使得公共资本流动（外汇储备）与私人资本流动不能完全替代，从而储备资产可以有效吸收经济冲击，以保持金融系统稳定，进而稳定国内经济，即外汇储备与资本管制（capital control）是互补的（Matthieu Bussière et al.，2015）。由此可见，金融危机期间，无论是资本管制对外汇储备使用的替代，或资本管制与外汇储备使用的协调，在应对外部冲击、保持国内金融稳定方面，已有的相关研究和其他经济体的政策实践均构成了中国外汇储备管理的有益参考。

三、外汇储备保证国内金融稳定的机制

　　事实上，关于金融稳定的内涵，学术界尚未形成一致的结论。中国人民银行首期发布的《中国金融稳定报告》中对金融稳定给出如下描述：金融稳定是指金融体系处于能够有效发挥其关键功能的状态。这是一种基于金融功能的视角对金融稳定的内涵予以界定。斯卡纳西（Schinasi，2004）的界定同样强调金融系统的功能，但更加全面——强调金融稳定是一个动态的、连续的状态（continuum），金融稳定需要金融系统具备以下功能：第一，实现经济资源的有效配置，并提高其他经济活动的有效性，如财富积累、经济增长、社会繁荣等；第二，能够评估、定价、分配和管理金融风险；第三，能够保持以上基本功能。段小茜（2007）则从"制度—功能"的视角界定金融稳定：金融稳定是指金融体系各组成部分内部及其相互之间的制度安排合理，有效发挥风险配置、资源配置等核心功能的运行状态。

　　另外，一些学者采用否定式定义，即定义金融不稳定或者系统性风险。米什金（Mishkin，1999）认为，金融不稳定体现在信息不对称问题导致金融体系无法为生产性的投资机会提供资金。戴维斯（Davis，2002）认为，金融不稳定甚至会损害实体经济。查恩特（Chant，2003）给出如下

定义：金融不稳定是指金融市场条件通过金融体系危害或将要危害经济的正常运转；这种金融不稳定既会造成居民、企业和政府等非金融机构融资困难，也会损害特定金融机构和金融市场的正常运转，妨碍其融资功能的实现。还有机构或学者从系统性风险角度描述金融不稳定，G10 的金融部门稳定报告（2001）中这样描述系统性金融风险：某事件可能引起经济价值或信心的损失和下降，并伴随着不确定的增加，导致金融体系中绝大部分部门出现问题，甚至对实体经济产生不利影响。[①] 施瓦茨（Schwarcz, 2008）认为，由于金融系统或金融市场中广泛存在的各部门和各主体间的相互联系，单一或部分主体出现问题即会传导至更大范围，从而引发系统性风险。

关于金融稳定最新也是最具影响力的研究来自舍恩马克（Schoenmaker, 2013）。舍恩马克强调，伴随 20 世纪 80 年代以来开始的第二次金融全球化出现的大型跨国银行是传递金融冲击的主要载体，于是，金融稳定变成一种（国际）公共产品。此项研究强调金融稳定的外部性，尤其关注全球金融一体化条件下某一（国际）银行倒闭给整个金融体系带来的负外部效应。舍恩马克（2013）将金融稳定的研究视角置于金融一体化的背景下，并提出了制约金融稳定实现的约束机制。

结合金融稳定的内涵以及金融一体化背景下"金融三难"造成的国内传统金融政策有效性的下降，并结合短期跨境资本流动规模日益增大的现实状况，外汇储备保障金融稳定的可行机制主要体现在以下三个层面。

（一）稳定经济基本面

一国健康的经济基本面是确保金融稳定的重要条件之一。然而在全球经济陷入结构性低迷的背景下，如何促进经济增长是摆在各国政策当局面

---

① Group of Ten. The G10 Report on Consolidation in the Financial Sector ［EB. OL］. 2001.

前的难题。以美国、日本、英国和欧盟为代表的发达经济体广泛实行的非常规货币政策就是对经济陷入增长困境情形下的政策反映。然而，政策当局货币篮子中的另外一种政策工具——外汇储备在稳定经济基本面方面同样可以发挥重要作用。

外汇储备有助于促进经济增长的机制体现在两个方面。第一，超额储备可以解决有效需求不足的问题，是刺激经济增长的潜在资源。例如，外汇储备可以用于投资战略性产业需要的资本设备、研发费用等，也可以借鉴韩国、新加坡、挪威等对外汇储备实施积极管理以提高外汇储备收益率。① 第二，最新的研究结果表明（斯坦纳，2015），外汇储备作为一国货币当局工具篮子中的重要工具之一，可以化解"三难困境"，在保持汇率稳定的情况下，增加货币政策的有效性，从而有利于促进经济增长。在资产组合平衡模型的理论框架下，斯坦纳（2015）阐述了一国中央银行如果可以通过外汇储备的适当调整，吸收金融市场对国内外资产相对需求的变动，则可以对冲开放的资本账户带来的影响，可以保证一国拥有独立的货币政策和稳定的汇率，从而在短期内有效化解"三元悖论"约束。② 在斯坦纳（2015）的研究中，认为外汇储备可以替代资本管制，从而保证在资本自由流动的情况下，经济体仍然可以保持独立的货币政策。这显然对于货币政策发挥促进经济增长的作用而言是非常重要的。

外汇储备稳定经济基本面不仅体现在促进经济增长，还体现在危机时期，持有较高外汇储备的国家可以降低经济波动。在危机期间使用外汇储备为私人部门提供流动性，可以避免由于资本骤停导致的对经济增长产生的负面影响，从而降低经济波动性，放大储备对经济增长的正向作用。另外，外汇储备可以作为反经济周期的政策工具，多明戈斯等（Dominguez et

---

① Cruz, M., & Kriesler, P. International Reserves, Effective Demand and Growth [J]. Review of Political Economy, 2010, 22 (4): 569-587.
② 埃金曼等（2013）也认为，外汇储备是使得新兴经济体在短期内同时实现汇率稳定、独立货币政策和金融一体化三个目标的重要政策工具。

al.，2012）的实证研究表明，在金融危机前持有较高外汇储备且在危机期间大量运用外汇储备应对外部冲击的经济体，在危机后其经济增长率水平也相对较高，即经济增长受到金融危机冲击的影响较小。因此，外汇储备具有平抑经济周期，增强经济稳定性的作用。

（二）防范资本骤停引发的金融风险

对于外债规模相对较高的经济体而言，资本骤停（sudden stops）可能引发主权债务危机，增加国家风险的同时，经济体需承担主权债务违约造成的经济损失，本—巴萨等（Ben-Bassat et al.，1992）对这一问题进行了深入探讨。20 世纪 90 年代以墨西哥为代表的新兴经济体发生的资本骤停危机，引发了学术界对资本骤停研究的重视。[1] 资本骤停，意味着资本流入的下降甚至是资本流出，即失去了在国际资本市场上的融资机会，使经济体陷入支付困境[2]；为进一步获取外部融资，则需支付更高的利率以吸引资本流入；这种实际利率的上升则可能使银行部门的不良贷款率增加，从而加大国内金融系统的风险，这也是 20 世纪 90 年代末造成新兴经济体爆发危机的重要因素。资本骤停期间，宏观经济往往会出现以下特征：第一，国际资本流动的逆转；第二，国内产出和国内吸收的下降，具体表现为国内生产总值 GDP 的下跌，消费和投资下降；第三，资产价格发生波动，托宾 Q 值下降。[3]

鉴于资本骤停给经济体造成的巨大损失，20 世纪 90 年代末开始，新

---

[1]　Ben-Bassat, A., and Gottlieb, D. Optimal International Reserves and Sovereign Risk ［J］. Journal of International Economics，1992，33：345 – 362.

[2]　Calvo, Guillermo A. Capital Flows and Capital-Market Crises：The Simple Economics of Sudden Stops ［J］. Journal of Applied Economics，1998，1：35 – 54.

[3]　Enrique G. Mendoza. Sudden Stops, Financial Crises and Leverage：A Fisherian Deflation of Tobin's Q ［EB/OL］. Board of Governors of the Federal Reserve System, International Finance Discussion Papers，No. 960，December 2008.

兴经济体开始大量累积外汇储备作为防范资本骤停的缓冲资产。杜尔杜等（Durdu et al.，2009）运用随机跨期均衡框架分析了经济体为应对产出波动、金融一体化和资本骤停风险，倾向于累积外国资产。珍妮等（Jeanne et al.，2011）基于效用最大化模型，推导出小型开放经济体应对资本骤停应该持有的最优外汇储备量。大量的实证研究同样支持新兴经济体累积外汇储备是出于预防外部冲击的审慎性动机。因此，持有充足的外汇储备可以有效防范资本骤停可能引发的主权债务危机，避免资本骤停对经济体带来的一系列负面影响。

（三）应对资本外逃，降低金融危机发生的概率

外汇储备除了可以作为资本骤停的缓冲资本，还可以作为应对资本外逃（capital flight）的有效政策工具。凯明斯基和瑞恩哈特（Kaminsky and Reinhart，1999）认为，国内银行部门或金融部门出现流动性问题时，容易引发货币危机。奥布斯特菲尔德（2011）则着重强调了出于审慎性动机持有硬通货，不但可以应对外部危机，还可以用于应对国内金融系统的危机。国内金融市场的不稳定容易促使国内投资者将本币兑换成外币从而规避国内的金融风险，这将造成资本的流出。而大量的资本外流不但极易引发本国货币贬值，严重的甚至会引发银行危机乃至金融危机。

在全球金融一体化程度不断提高的背景下，外汇储备是一国实现国内金融稳定以及汇率稳定的重要政策工具。中央银行持有外汇储备可以保护国内银行部门和国内的信贷市场。开放经济体不可避免地要面对各种金融风险，其中货币错配和内部耗竭（internal drain）与外部耗竭（external drain）的某种组合是中央银行持有外汇储备的主要动因。这里，内部耗竭是指银行存款向现金的转换造成国内银行体系的流动性枯竭，外部耗竭是指本币资产向外币资产转换造成的外汇储备枯竭。当经济体持有充足的外汇储备，就可以应对资本外逃引发的金融风险，降低金融危机爆发的概率。

第二节　中国外汇储备审慎性需求管理——
基于资本账户开放度的实证分析

　　结合前文关于中国外汇储备管理的目标以及中国资本账户开放度的测算，本节将对中国的外汇储备管理结合具体数据展开实证分析，实证研究的目的是探寻影响中国外汇储备规模变化的主要因素，从而为外汇储备的动态管理提供切实的依据。[①]

一、实证分析的背景

　　2008 年爆发的世界性金融危机使国际社会重新反思传统的微观审慎监管方法的内在缺陷，并加强了对宏观审慎监管的重视。宏观审慎监管的目标体现在减少系统性风险、增强金融体系的整体稳健性（陈雨露，马勇，2012），维护金融稳定。由于每次金融危机均伴随着信贷泡沫和跨境资本的大规模转移，在实践中，国际社会对资本流动管理的主流态度从完全的资本自由化转变到必要的资本流动管理（彭兴韵，王伯英，2016），国际货币基金组织也于 2012 年公开表示支持成员国在特定情况下采取措施管控跨境资本流动。对资本流动实行宏观审慎管理逐渐成为共识，尤其是如何应对跨境资本异常流动对金融体系带来的冲击成为各国必须解决的重要问题。

　　随着中国资本账户的逐步开放，中国与世界经济的联系将更加紧密，

---

　　① 　实证研究的部分内容已投稿至《管理世界》进入审稿程序。

全球金融市场的动荡对中国金融市场的稳定状态也将产生更大影响，中国金融市场和经济发展面临的不确定性会显著增加。2017年1月中国人民银行在确定2017年十大任务时，将防范金融风险置于金融创新之前，作为2017年的第三项重要任务。2017年4月，习近平主席在中共中央政治局第四十次集体学习时明确指出，维护金融安全是关系我国经济社会发展全局的具有战略性、根本性的大事；党的十八大以来，更是反复强调要把防范金融风险放到更加重要的位置，采取一系列措施牢牢守住不发生系统性风险的底线。

近年来中国的金融市场并未出现大的动荡，金融体系的整体稳健性较高。这其中外汇储备发挥了非常重要的作用，中国货币当局持有的高额外汇储备能够提供自我保险、增强广大投资者对中国金融体系的信心（张明，2017），这或许也是中国从未经历资本骤停的重要原因之一。然而，自2014年起资本持续流出中国。比较明显的现象是2016年1月末央行口径外汇占款下降6 445亿元人民币，创历史第二大降幅，仅次于2015年12月7 082亿元人民币的降幅。若按照间接法测算此时段的中国短期资本流出规模，则2015年12月流出资本1 809亿美元，为自2002年以来单月短期资本流出的峰值。① 一面是大规模的跨境资本流动，另一面是中国金融市场的相对稳定，对于此种现象，已有研究认为是中国的资本账户管制与中国持有的高额外汇储备共同发挥了重要作用。那么中国政策当局在对外汇储备的动态管理中，是否兼顾了金融体系稳健性这一目标？在宏观审慎监管的框架下，中国的外汇储备需求管理应考虑哪些特殊因素？如何做到对资本外流或潜在的资本外逃可能产生的负面冲击进行合理对冲？为了回

---

① 此处提及的间接法为：短期资本流动＝月度外汇占款增量－月度出口与进口差额－月度实际利用FDI。2016年1月，央行首次在金融机构人民币信贷收支表中公布中央银行外汇占款，为统一数据口径，计算短期资本流动的外汇占款数据为央行口径的外汇占款。外汇占款数据单位为亿元人民币，在对单位转化为美元单位时，使用了人民币兑美元即期汇率的月度数据，汇率数据来自CEIC；月度进出口差额及实际利用FDI数据来自中经网。

答上述问题，有必要结合中国经济的实际发展状况，对中国外汇储备审慎性需求管理展开实证分析。

二、相关研究综述

在宏观审慎监管框架下，外汇储备的管理将更多地与金融稳定联系在一起。关于金融稳定与外汇储备的关系，大多数文献探讨的是外汇储备的充足性问题，即出于预防性、审慎性动机，为避免金融危机导致的经济混乱，保持金融体系稳定，一个经济体（不具有国际主导货币权利的经济体）应该持有充足的外汇储备。美国财政部 2015 年 4 月公布的年报《Report to Congress on International Economic and Exchange Rate Policies》称，中国持有的外汇储备显然超过了所谓储备充足性的标准值（benchmarks of reserve adequacy）。[①] 而有趣的是，在国际货币基金组织最新发布的外汇储备充足性的相关报告中，并未给出具有普适性的外汇储备充足性指标，而是强调，单一的指标或模型是无法刻画每一个经济体外汇储备充足性的（IMF，2015），在充分考虑外汇储备可以降低一国发生国际收支危机的概率、维持经济金融稳定的情况下，从审慎性动机的角度评估外汇储备需求是非常重要的。

而事实上，随着 20 世纪末亚洲金融危机的结束，新兴经济体开始持续大规模地累积外汇储备。新兴经济体持有的外汇储备（相对）规模从 20 世纪 80 年代起，几乎每十年增加一倍：20 世纪 80 年代，新兴经济体外汇储备与其 GDP 的比例为 5%，到 2010 年这一比例增加至 25%。这一现象引发了学术界对外汇储备需求动机的广泛讨论，出现了大量的研究成果。

---

① 根据圭多蒂—格林斯潘（Guidotti-Greenspan）准则，一国至少应持有足以支付短期对外债务的外汇储备，即短期对外债务与外汇储备的比为 1。中国 2014 年短期外债与外汇储备规模的比率为 17.78%，远低于 100%。数据来自国家外汇管理局。

较早地对外汇储备需求进行系统性分析的是赫勒（Heller，1966）的成本—收益分析框架，赫勒认为，外汇储备的需求是相关政策当局在对持有外汇储备的收益和成本进行权衡后做出的政策反应。另一具有代表性的缓冲存货模型（Frenkel and Jovanovic，1981）则从持有储备总成本最小①的视角研究外汇储备的适度规模。与此对应的，珍妮和朗西埃（2011）通过求解代表性消费者效用最大化以获得最优的外汇储备规模。尽管求解方法不同，但以上模型均考虑了如果外汇储备不足可能造成的各种（调节）成本，为后续研究的开展提供了重要的线索。然而，以上外汇储备的相关理论在实践或实证分析中却面临着极大的争议，主要体现在对相关的成本或收益进行度量时，不同代理变量的选择得到的实证结果大相径庭。甚至有学者指出（Grimes A.，1993），中央银行并非利益最大化者，其累积外汇储备的动机是为避免外汇短缺，因此，中央银行并不在意相关的利率波动可能造成的外汇储备的收益变化。而事实上，充足的外汇储备使得经济体免受各种外部冲击，避免货币危机乃至金融危机的发生，从而保持经济和金融稳定，这其中的收益是很难进行衡量的。因此，更多的研究开始关注各经济体持有外汇储备的充足性问题。事实上，外汇储备的充足性问题是外汇储备审慎性需求动机的另一面。

官方持有外汇储备的动机主要被归结为审慎性动机、重商主义动机和追赶动机。其中，审慎性动机即外汇储备的充足性问题至今仍是学术界关注的焦点。

亚洲金融危机爆发以后，著名的格林斯潘法则（guidotti-greenspan）强调储备的充足性指标应该以能够偿还短期外债为标准，这样的考虑主要是基于短期外债可以被视为新兴经济体发生货币危机的预警性指标。与此同时，应对跨境资本流动异常变化逐渐成为研究外汇储备审慎性需求的重要考虑因素。跨境资本流动的异常变化主要包括资本骤停（sud-

---

① 储备低至某最低限时宏观经济的调节成本与持有储备的机会成本之和。

den stop）和资本外逃（capital flight）。其中，资本骤停，即外部资本流入的突然逆转；经历资本骤停的经济体将失去在国际资本市场上的融资机会，使其陷入支付困境。为进一步获取外部融资，则需支付更高的利率以吸引资本流入；这种实际利率的上升则可能使银行部门的不良贷款率增加，从而加大国内金融系统的风险，这也是20世纪90年代末造成新兴经济体爆发危机的重要因素。鲁伊斯－阿兰兹和扎瓦迪尔（Ruiz-Arranz and Zavadjil，2008）运用最优保险模型计算了11个亚洲新兴经济体的最优储备规模，强调亚洲新兴经济体的外汇储备是应对资本骤停对国内产出和消费产生负面影响的缓冲资本；1997～1998年金融危机之后，亚洲经济体持有的绝大部分储备可以用审慎性动机来解释。杜尔杜等（2009）运用随机跨期均衡框架分析了经济体为应对产出波动、金融一体化和资本骤停风险，而倾向于累积外国资产。珍妮和朗西埃（2011）基于效用最大化模型，推导出小型开放经济体为应对资本骤停而应该持有的最优外汇储备量。

随着全球金融一体化程度的提高，与资本外流（capital outflows）相关的跨境资本流动逐渐成为货币当局考虑的重要因素。阿蒂什等（Atish et al.，2012）认为，随着新兴经济体金融开放程度的不断提高，持有更多储备以应对资本外流是十分必要的。凯明斯基和瑞恩哈特（1999）在探讨银行危机与货币危机关系的研究中强调，国内银行体系或金融部门的脆弱性是导致货币危机发生的重要原因。奥布斯特菲尔德等（2010）重点关注了内部耗竭（internal drain）的可能性对外汇储备需求的影响，由于国内银行体系的存款是国内资本外逃的主要资金来源，因此，选取M2（M2与GDP的比值）作为潜在的资本外逃发生的代理变量，利用134个国家1980～2004年的非平衡面板数据构建了基于金融稳定的外汇储备需求模型，结果表明，应对内部耗竭即潜在的资本外逃是影响外汇储备需求的重要因素。奥布斯特菲尔德（2011）也强调审慎性的储备不仅可以应对外部危机，也可以应对内部危机。国内金融市场的不稳定容易引发国内投资者将本币兑换为外币，因此，当国内金融体系的脆弱性明显增强时，中央银行应该持有更多储备以应对可能的资本外逃。对于中国而言，埃森曼（2008）认为在过去的十几年中，中国为了保障经济增长而采取相对宽松的货币政策致使货币供应量和不良贷款均大幅增加，由此造成的银行体系的脆弱性可以通过持有大量的外汇储备得以缓解。

尽管学术界对于外汇储备需求动机的研究除了应对各种冲击的审慎性动机以外，还包括重商主义动机以及追赶动机，但审慎性动机被大多数实证分析所证实（如埃森曼和马里恩，2003；埃森曼和李，2007；奥布斯特菲尔德等，2010）。[①] 国际货币基金组织基于审慎性动机的角度从2011年起发布了一系列关于外汇储备充足性的研究论文。国际货币基金组织在2012年公布的相关指导性文件——《外汇储备管理指南》修订版（Revised Guidelines for Foreign Exchange Reserve Management）中也再次强调，合理的外汇储备管理应该能够增强一国或区域联盟抵御各种冲击的能力，尤其在金融危机爆发期间。对于外汇储备的充足性指标至今尚未形成统一的结论，国际货币基金组织在2015年发布的关于外汇储备充足性的研究中，仍然强调各经济体应该结合其自身面临的特殊情境，以明确其外汇储备审慎性需求的主要决定因素。另外，诸多实证分析认为，中国持有外汇储备的情况在亚洲经济体或新兴经济体中属于异常状况，即对其他经济体外汇储备需求解释力良好的面板数据模型无法对中国的相关状况做出很好的阐释（如爱迪生等，2003；戈斯林和派瑞特，2005；鲁伊斯和扎瓦迪尔，2008；奥布斯特菲尔德等，2010；高希等，2014）。另外，传统的研究外汇储备充足性或外汇储备需求问题时，主要考虑经济规模、进口需求、偿还短期外债的需求、汇率波动性、发生资本骤停（sudden stop）的概率（或其可能导致的经济损失）等指标。根据中国宏观经济的实际状况，中国的短期外债规模与外汇储备规模相

---

① 外汇储备的充足性问题也主要是基于审慎性动机构造各种充足性指标。

比是比较小的，且已有研究表明，近年来中国并未经历资本骤停（珍妮和朗西埃，2011；比安奇等，2013）。随着中国外汇储备规模的持续下降，反而是资本外逃成为学术界关注中国外汇储备管理的新焦点（余永定，2014）。

综上所述，学术界包括国际货币基金组织等重要机构对外汇储备审慎性需求的研究仍然十分重视。第一，金融危机往往伴随着大规模的跨境资本流动，为尽可能地弱化其负面影响，各国加强了对跨境资本流动的宏观审慎监管，其中，运用外汇储备对冲资本流动的负面冲击、保持国内金融体系稳定成为外汇储备管理的重要职能。第二，现有研究将中国与其他亚洲经济体或新兴市场置于统一的计量分析框架下，分析外汇储备审慎性需求的影响因素是不合理的。鉴于中国在外汇储备规模、金融市场稳定、资本骤停等方面呈现出的特殊性，有必要运用时间序列数据对中国的外汇储备审慎性需求因素进行实证考量。第三，在考虑资本外流或潜在的资本外逃方面，已有的指标选取存在明显的问题。爱迪生等（2003）以及奥布斯特菲尔德等（2010）均使用货币供应量 M2 作为内部耗竭（资本外逃）可能性的代理变量，认为 M2 可以作为潜在的欲将本币兑换为外币进而耗损外汇储备的指标。然而，使用货币供应量作为衡量潜在资本外逃的指标存在诸多问题。首先，如果使用 M2 作为潜在资本外逃的代理指标意味着 M2 越大，货币当局需要的审慎性外汇储备量应该越多，而事实上二者之间的关系可能是反向关系，因为未被央行冲销的外汇储备增加必然使得货币供给量增加（田口，2011）；其次，埃森曼和李（2007）指出，无论金融不稳定处于何种状态，银行存款与外汇储备都是互补性关系，即同向变动，因此，选择 M2 作为衡量资本外逃的代理变量是不合理的；最后，已有研究多选用年度数据分析外汇储备审慎性需求问题，而年度数据容易掩盖外汇储备规模的动态变化从而使分析结果不够准确。鉴于已有研究存在的缺陷，本书将采用月度时间序列数据，同时选取更有针对性的企业脆弱性指数（value-weighted corporate vulnerability index，CVI)① 作为衡量国内金融不稳定，即潜在资本外逃的代理变量，通过构建三个回归模型分析中国外汇储备的审慎性需求。

具体地，本书在综合考虑中国经济特色的前提下，选取 1998 年 12 月至 2016 年 8 月的月度时间序列数据进行实证分析，以验证中国外汇储备审慎性需求管理考虑的主要因素。本书的创新之处体现在以下三个方面：第一，针对已有研究在选取潜在资本外逃代理变量方面存在的问题，选择企业脆弱性指数（value-weighted corporate vulnerability index，CVI）以间接度量中国金融市场的不稳定性，而金融市场的不稳定可能是诱发资本外逃的重要因素；第二，高频度外汇储备规模的变化更能准确反映外汇储备管理的动态特征，故本书选择月度数据而弃用以往研究经常使用的年度数据；第三，在对月度数据的季节调整方面，本书借鉴季节调整研究的最新研究成果，参考罗伯特和怀特（Roberts and White，2015）的方法，对不同时间序列依据 AICC 准则剔除中国特有的移动假日效应（春节效应），在此基础上剔除常规的季节性因素如趋势—周期因素、季节成分等，这样的季节调整方式更为科学，调整后的数据也可以及时反映经济的瞬时变化。

三、实证模型的选取与数据处理

基于前文的分析，本书运用 1998 年 12 月至 2016 年 8 月的月度数据，在对相关变量进行剔除春节效应的季节处理后，构建时间序列模型分析中国外汇储备审慎性需求的影响因素。

---

① 企业脆弱性指数 CVI 由新加坡国立大学风险管理研究所编制，用于衡量经济体的信用风险。相关信息参见 http://rmicri.org/cvi/view_cvi/。

（一）变量及模型选择

通常，对外汇储备需求决定因素的分析包括以下五类指标：经济规模（人均实际 GDP、人口等）、机会成本（储备资产与其他投资之间的收益差）、汇率弹性（汇率制度、汇率的波动性）、经常账户脆弱性（贸易开放度、进口）和资本账户脆弱性（金融开放度、国内潜在资本外逃等）。由于本书选取时间序列数据对中国外汇储备的审慎性需求影响因素进行分析，故选择的变量均是随着时间有所变化的变量，对于资本账户开放度指标，根据目前使用较为广泛的 Chinn-Ito 指数，中国的资本账户开放度从 1993 ~ 2015 年始终为 0.1657（见表 3.1），故而本书放弃 Chinn-Ito 指数作为中国资本账户开放度的衡量指标，改为运用第三章中使用两种方法测度的中国资本账户开放度指标作为解释变量。

根据前文的分析，自 20 世纪末以来，应对跨境资本流动异常变化即资本账户的脆弱性是影响外汇储备审慎性需求的主要考虑因素，具体包括资本骤停和资本外逃。根据珍妮和朗西埃（2011）和比安奇等（2013）的研究，中国近年来并未经历资本骤停，因此，对于资本账户的脆弱性主要考虑资本外逃的可能性。基于前文分析，对于潜在资本外逃的代理变量，本书选择更有针对性的企业脆弱性指数（value-weighted corporate vulnerability index，CVI）。理由如下：第一，指数的构建方面，该指数将对单独企业违约率（RMI PD）的预测加入 CVI 的计算中，以自下而上的方式衡量特定经济体、地区的信用风险。CVI 指数从新的维度衡量经济和金融环境，被视为一种压力指标（CVI WHITE PAPER，2014）。CVI 指数覆盖包括美国、加拿大、欧元区、中国、日本等十余个国家和地区，CVI 指数构建的基础——RMI PD 则覆盖全球 106 个国家的 60 400 家公司。第二，指数的解释力方面，以美国为例，将美国 CVI 指数与 VIX 指数对比分析可以发现，两个指数均成功捕捉到了 2008 年金融危机发生时较高的市场风险，但同

VIX 相比，CVI 指数更好地捕捉到了科技股泡沫时期金融市场压力的增加（见图 4.1）。因此，CVI 可以视为衡量金融市场风险和投资者恐慌程度的替代性指标。第三，数据获取的可能性方面，由于在中国尚不存在可以公开获取的衡量金融市场恐慌程度或金融市场系统性风险的数据，于是本书利用新加坡国立大学风险管理研究所实时公布的 CVI 数据，作为衡量中国金融市场恐慌程度（金融市场压力）的代理变量。通常，国内金融市场的系统性风险越高，即金融压力越大，发生资本外逃的可能性越大，因此，本书预期 CVI 值越高，发生资本外逃的可能性越大，基于审慎性动机需要的外汇储备量越多，进而考察国内金融不稳定因素是否是中国积极调整外汇储备规模应对资本外逃的主要考虑因素，即考察外汇储备是否积极应对潜在资本外逃引发的负面冲击。

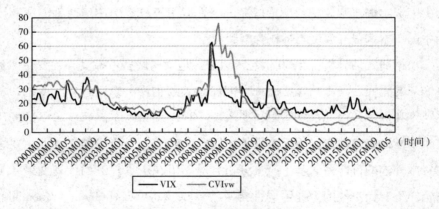

图 4.1　美国 CVI 与 VIX 对比

注：图 4.1 中 VIX 数据来自芝加哥期权交易所（CBOE）官方网站，CVI 数据来自其官方网站；CVIvw 表示市值加权 CVI。VIX 与 CVI 均为日数据，图 4.1 以取平均值的方式将日数据换算为月数据。

为控制其他因素的影响，本书选取工业增加值、机会成本、进口、汇率波动性等指标作为其他解释变量，具体的实证模型如下：

$$\ln(R_t) = \beta_0 + \beta_1 \ln(Y_t) + \beta_2 CS_t + \beta_3 \ln(IM_t) + \beta_4 h_{et}$$
$$+ \beta_5 \ln(M_t) + \beta_6 CVI_t + \beta_7 OPEN + \varepsilon_t \tag{4.1}$$

其中，R 代表外汇储备规模；Y 代表经济规模的实际工业增加值；CS 为机会成本；IM 代表进口规模；h_e 代表汇率波动；M 代表广义货币供应量 M2；CVI 代表企业脆弱性指数；$OPEN$ 代表对中国资本账户开放度的测算；ε 代表随机误差项。

实际工业增加值（Y）：文献中对规模变量的选择通常使用 GDP（或 GDP 增长率），但由于 GDP 数据为季度数据，为提高数据频度，本书选取实际工业增加值。预期该系数为正。

机会成本（CS）：上述解释变量中，存在较大争议的是机会成本代理变量的选取。外汇储备的机会成本当使用面板数据进行分析时，往往不显著；而对单一国家进行分析时，显著性通常更高（Bahmani-Oskooee M. and F. Brown，2002）。持有外汇储备的机会成本通常用持有储备的收益与储备可以用于其他投资用途可以获取的收益二者之间的利差来衡量。美国财政部国际资本系统的数据显示，美元资产占中国外汇储备总量的占比一度达到 70% 以上①（见图 4.2）。另外，鉴于长期国债在美元资产中的绝对占比，本书选取 10 年期美国国债的收益率作为中国持有外汇储备资产收益率的代理变量。参考埃森曼等（2015）的研究，本书使用中国贷款利率与美国长期国债收益率之差作为持有外汇储备机会成本的代理变量。由于中国 10 年期国债收益率数据能够获取的最大时间长度始于 2006 年，为保证数据长度，将中国 10 年期国债收益率替换为 5 年以上贷款利率，以获得机会成本的代理变量。持有外汇储备的机会成本越高，货币当局持有的外汇储备规模应该越小，因此，预期机会成本的系数为负。

进口规模（IM）：进口规模的引入是为了衡量贸易开放度。通常，贸易开放度越高的经济体，需要累积更多的外汇储备以满足必要的支付，因此，本书预期该系数为正。

汇率波动（h_e）：通常，采取浮动汇率制度的经济体无须储备大量外

---

① 2008 年国际金融危机后，美元资产占比有所下降。

汇储备干预外汇市场，而采取固定汇率的经济体为保持汇率的相对稳定，需要持有更多储备以干预外汇市场，本书选取人民币兑美元汇率以及人民币名义有效汇率日数据在对应月份的标准差作为衡量汇率波动的指标，预期该系数为负。

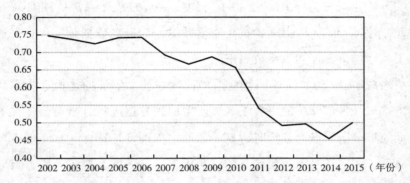

图 4.2　2002～2015 年美元资产占中国外汇储备的占比

注：根据 TIC 公布的数据时间节点为每年的 6 月，故外汇储备的数据选取当年 6 月份的数据。

资料来源：中国持有美元资产数据来自美国财政部国际资本系统 Treasury International Capital (TIC) System；外汇储备数据来自国家外汇管理局。

货币供应量（*M*）：按照奥布斯特菲尔德等（2010）的计量模型，货币供应量是衡量潜在的资本外逃的代理变量，具体指标选择广义货币供应量 M2，预期该系数为正。

企业脆弱性指数（*CVI*）：该指数由新加坡国立大学风险管理研究所构建并发布，是衡量全球各大金融市场中企业信用风险的指标，该指数每日更新，数值越高代表该市场的企业信用风险越大，本书选取该指数作为国内金融市场不稳定的代理变量，并预期其系数为正。本书将货币供应量指标和 CVI 指标同时放入模型（4.1）是为了检验两个指标中哪个指标可以更好地反映潜在的资本外逃。

资本账户开放度（OPEN）：根据第三章中的测算方式，本书采取两种方法测算中国的资本账户开放度，即法定资本账户开放度和基于事实的资本账户开放度。由于资本账户开放度的测算结果为年度数据，采用恒匹配平均（constant-match average）方式将年度数据升频为月度数据，即同一年度的 12 个月的 OPEN 变量取值恒等于该年的年度 OPEN 值。① 若一个经济体的资本账户开放度越高，为了维持金融稳定需要的外汇储备量将越大，因此，本书预期资本账户开放度的系数为正。

除 CVI 以外，所有数据来自国家统计局和国家外汇管理局官方网站。

（二）数据处理

由于数据时间长度有限，为增加样本容量，同时更好地体现外汇储备规模变化的动态特征，本书选取的数据均为月度数据。但使用月度数据进行建模，需要首先进行季节调整，以剔除由于季节性、移动假日效应等因素对月度数据造成的影响。关于时间序列数据的季节调整，目前常用的方法是由美国普查局推出的 X-12-ARIMA 模型。由于中国的月度经济数据要受到春节这一重要假日因素的影响，因此，需要对外汇储备规模、工业增加值、进口量和货币供应量这些明显受到春节因素影响的指标进行剔除春节效应的季节调整。为剔除春节效应，需要对春节节前、节中、节后影响时间序列数据的天数进行确定，剔除春节因素需要构建如下虚拟变量：

$$H_i(\tau_i, t) = \frac{\tau_{it}}{\tau_i}, i = 1, 2, 3 \qquad (4.2)$$

其中，$i = 1$，2，3 分别代表节前、节中和节后；τ_{it} 代表时间 t 中 i 部分影响的天数；τ_i 代表 i 部分受到春节影响的总天数。举例来说，如果 $\tau_1 = \tau_2 = \tau_3 = 5$，即春节节前、节中、节后对时间序列数据产生影响的天数均为 5 天，并假

---

① 尽管数据升频有多种方法，如 constant-match sum、constant-match average、quadratic-match average、quadratic-match sum 等，但考虑到资本账户开放度基于法定开放度的算法在一年期间通常不会发生较大变化，因此，本书采取 constant-match average 的方法进行数据升频。尽管基于事实的开放度测算方式可能由于不同月份资本流动的变化而导致 OPEN 值有所改变，但因为无法预测资本流动影响 OPEN 改变的趋势性变化规律，因此，对于基于事实的资本账户开放度指标本书仍然采用 constant-match average 的方法进行数据升频。

设某年春节前一天为 1 月 31 日，则节前影响落入 1 月的天数为 5 天，节中影响落入 1 月的天数为 1 天、落入 2 月 4 天，节后影响落入 2 月 5 天，因此：

$$H_1(\tau_1,1)=1, H_1(\tau_1,2)=0, \cdots, H_1(\tau_1,12)=0;$$
$$H_2(\tau_2,1)=0.2, H_2(\tau_2,2)=0.8, H_2(\tau_2,3)=0, \cdots, H_2(\tau_2,12)=0;$$
$$H_3(\tau_3,1)=0, H_3(\tau_3,2)=1, H_3(\tau_3,3)=0, \cdots, H_3(\tau_3,12)=0。$$

$$(4.3)$$

即为剔除该年春节影响因素而构造的三个虚拟变量向量如式（4.3）所示。以往对于春节节前、节中、节后影响天数的研究通常以常值处理，如本例中选取 $\tau_1=\tau_2=\tau_3=5$，王群勇、武娜（2010）则选择 $\tau_1=20$，$\tau_2=5$，$\tau_3=10$，贺凤羊、刘建平（2011）最终选取 $\tau_1=20$，$\tau_2=7$，$\tau_3=10$。以往研究在影响天数的选择方面对所有时间序列变量不加区分，均选择同样的子区间影响长度，这显然是不合时宜的，没有考虑不同变量因具有不同特征进而受到春节因素影响的子区间长度也可能存在差异。鉴于此，本书参考罗伯特和怀特（2015）的方法，依据法定春节放假时间为七天，故节中影响期 τ_2 选为 7 天，节前、节后的影响天数依据适用于有限样本容量的 AICC 准则进行选取：

$$AICC = -2\log likelihood + 2p\frac{1}{1-\frac{p+1}{T-12D-d}} \qquad (4.4)$$

其中，p 为估计参数的个数；D 是季节差分的阶数；d 为常规差分的阶数；T 为样本容量；$\log likelihood$ 为估计参数的对数似然函数值。

本书应用 R 程序，在调用 genhol 和 seasonal 等程序包的基础上，对涉及的 4 个变量的春节效应进行了处理。在对时间序列数据剔除了春节效应后，再进行常规的季节性调整。本书的计量模型中使用的外汇储备规模、工业增加值、进口量和货币供应量均为按此方法剔除春节效应并经季节性调整之后的数据，具体如图 4.3 所示。

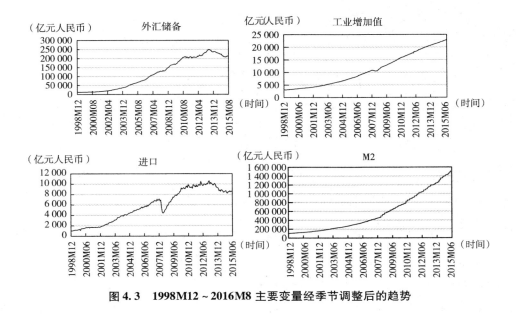

图 4.3　1998M12 ～ 2016M8 主要变量经季节调整后的趋势

四、实证结果

观察外汇储备规模、工业增加值、进口量和货币供应量的指标可以发现（见图 4.3），这些变量均呈现出随着时间推移而不同程度的增长态势，因此，本书并不期望使用 CVI 指数解释外汇储备规模的长期增长趋势，而是更加关心作为国内资本外逃的代理变量 CVI 能否解释外汇储备规模围绕其长期趋势的波动性调整，即短期的外汇储备调整是否考虑了潜在的资本外逃。传统的时间序列分析通常需要做平稳性检验及协整检验，但单位根检验是对时间序列较长的数据进行分析的基础，本书 17 年的数据长度相对而言较短，因此使用全息极大似然估计（full information maximum likelihood tests）很难得到显著性的结果。Johansen 协整检验对向量自回归（VAR）模型滞后期的选择也是非常敏感的。当估计误差修正模型时，几乎所有估计的参数都是统计上不显著的。因此，为了获得更加有经济含义的模型，同时尽量避免伪回归并充分保证模型的稳健性，本书在模型（4.1）的基础上实证分析了以下三个模型：

$$\Delta^{12}\ln(R_t) = \beta_0 + \beta_1\Delta^{12}\ln(Y_t) + \beta_2 CS_t + \beta_3\Delta^{12}\ln(IM_t) + \beta_4 h_{et} \tag{4.5}$$
$$+ \beta_5\Delta^{12}\ln(M_t) + \beta_6 CVI_t + \beta_7 OPEN_t + \varepsilon_t$$

$$\ln\left(\frac{R_t}{Y_t}\right) = \beta_0 + \beta_1\ln(Y_t) + \beta_2 CS_t + \beta_3\ln\left(\frac{IM_t}{Y_t}\right) + \beta_4 h_{et} \tag{4.6}$$
$$+ \beta_5\ln\left(\frac{M_t}{Y_t}\right) + \beta_6 CVI_t + \beta_7 OPEN + \varepsilon_t$$

$$\Delta^{12}\ln\left(\frac{R_t}{Y_t}\right) = \beta_0 + \beta_1\Delta^{12}\ln(Y_t) + \beta_2 CS_t + \beta_3\Delta^{12}\ln\left(\frac{IM_t}{Y_t}\right) + \beta_4 h_{et} \tag{4.7}$$
$$+ \beta_5\Delta^{12}\ln\left(\frac{M_t}{Y_t}\right) + \beta_6 CVI_t + \beta_7 OPEN + \varepsilon_t$$

模型（4.5）和模型（4.7）中的Δ^{12}表示滞后12期差分，由于被差分的数据是取自然对数的数据，因此，进行滞后12期差分表示该指标的年度变化率（year-over-year rate），这样的处理一是可以进一步剔除季节性影响，二是其代表的是剔除时间趋势的变化率，可以用于考察该指标围绕趋势项的波动。计量模型（4.5）、（4.6）、（4.7）的结果分别对应着表4.1~表4.4中的模型（Ⅰ）、模型（Ⅱ）和模型（Ⅲ）。

（一）基于法定开放度的实证结果

从表4.1中模型（Ⅰ）的A、B列结果可以发现，当考虑潜在资本外逃的代理变量CVI时，CVI的回归系数为正，表示金融系统的风险状况越糟糕，外汇储备的规模增加得越快，体现了外汇储备规模管理的审慎性需求着重考虑了金融稳定状况这一宏观因素；而已有研究中选择的代表潜在资本外逃的代理变量M2的符号始终为负且不显著。当从回归模型中剔除工业增加值指标（产出），表4.1中模型（Ⅰ）的C、D列回归结果中，

M2 系数由负变正，且显著性水平明显提高，综合对比模型（Ⅰ）的 A、B 列结果并结合图 4.3 可以发现，M2 指标更多的代表一种随着时间变化而变化的规模因素，用其作为衡量潜在资本外逃的代理变量是不合适的。

表 4.1　　　　基于法定开放度测度的外汇储备需求模型回归结果（NEER）

变量	模型（Ⅰ）				模型（Ⅱ）		模型（Ⅲ）	
	A	B	C	D	A	B	A	B
产出	3.132 ***	3.825 ***			1.330 ***	1.104 ***	1.821 ***	2.434 ***
机会成本	0.006	0.019 *	0.020 *	− 0.009	− 0.202 *	− 0.025 **	0.006	0.019 *
进口	− 0.230 ***	− 0.303 ***	0.192 ***	0.156 ***	0.382 ***	0.350 ***	− 0.230 ***	− 0.303 ***
汇率波动	0.016	0.010	− 0.016	0.006	0.083 ***	0.101 ***	0.016	0.010
M2	− 0.080	− 0.088	1.139 ***	0.676 **	− 1.718 ***	− 1.274 ***	− 0.080	− 0.088
OPEN（法定）	− 0.630 ***	− 0.388 **	− 0.860 ***	− 1.198 ***	− 1.414 ***	− 1.405 ***	− 0.630 ***	− 0.388 **
CVI		0.001 **		− 0.002 ***		− 0.002 **		0.001 **
Adjusted R^2	0.755	0.764	0.547	0.608	0.956	0.958	0.622	0.636

注：显著性水平分别用以下符号表示："***"代表 0.001；"**"代表 0.01；"*"代表 0.05。

表 4.1 中模型（Ⅰ）的其他控制变量，例如机会成本的系数在 D 列中的结果在符号方面符合预期，机会成本与外汇储备规模变化负相关，但显著性水平较低，模型（Ⅰ）的 A、B、C 列结果尽管显著性水平较高，但机会成本的系数符号不符合预期。该结果在某种程度上表明，机会成本的代理变量很难获得预期的结论，主要原因在于机会成本的度量方面目前尚未达成共识。代表贸易开放度的进口变量在模型（Ⅰ）中 A、B 列的回归方程中符号不符合预期，C、D 列的符号为正，与预期相符，即贸易开放度越高，经济体通常持有更多的外汇储备，贸易开放度与外汇储备之间存在正相关关系。汇率波动性指标的系数在 A、B、D 三个回归方程中显示为正，表明汇率波动性越大，政策当局选择持有更多的外汇储备，这显示了政策当局稳定汇率的政策倾向，然而，汇率波动性指标系数的显著性水平未通过检验。对于法定开放度指标，其在模型（Ⅰ）中四个回归方程中系数均为负且显著性水平高达 0.1%，系数符号不符合预期；结合中国资本

账户的开放历程以及基于法定开放度指标的测算过程可以发现，法定资本账户开放度是不断提高的，这意味着，总体上看，资本管制的相关法规是在逐步放松的，法定开放度指标与外汇储备规模增量之间的负相关意味着资本管制与外汇储备规模增量之间正相关，这也意味着中国的资本管制政策与外汇储备（作为稳定国内金融状况重要工具之一）之间的互补关系，也就是说，当国内的金融系统性风险较高时，相对严格的资本管制政策与增持外汇储备政策，两者产生的互补效应共同应对金融风险，力求保持金融稳定。表 4.1 的实证结果印证了马蒂厄·布赛尔等（2015）的研究结论，即资本管制使得公共资本流动与私人资本流动不能完全替代，从而储备资产可以有效吸收经济冲击，以保持金融系统稳定，进而稳定国内经济，即外汇储备与资本管制彼此互补。

另外，表 4.1 的模型（Ⅰ）中所有回归结果调整的 R^2 值显示，模型选择的解释变量可以在很大程度上解释了中国外汇储备规模的变化。通过前文对所有解释变量回归系数的分析可以发现，影响中国外汇储备规模变化的主要因素包括贸易开放度（IM）、法定资本账户开放度（OPEN）以及金融不稳定性因素（CVI），由此可以得出结论，中国外汇储备规模管理主要是基于审慎性动机，确保外汇储备规模能够有效满足进口需求变化以及保证中国金融系统免受资本外逃冲击是外汇储备动态管理的目标；在应对可能的跨境资本流动的冲击过程中，外汇储备与资本管制形成了互补关系，最终的目标是保证金融系统的稳定。

表 4.1 中模型（Ⅱ）的构建主要是参考奥布斯特菲尔德等（2010）的研究，将除了波动率、法定开放度、CVI 等以外的所有指标运用产出规模进行处理。奥布斯特菲尔德等（2010）认为，对外汇储备规模变量进行规模处理可以保证被解释变量的平稳性。表 4.1 中模型（Ⅲ）进一步将模型（Ⅱ）中的相关指标计算了其年度增长率，以剔除月度数据可能存在的季节效应。综合模型（Ⅱ）与模型（Ⅲ）的结果可以发现，M2 的系数均为负，尽管显著性在两个模型中有所区别，但其系数的符号与理论预期相

反，而本书选取的代表资本外逃的变量 CVI 系数基本符合预期。模型（Ⅱ）与模型（Ⅲ）中机会成本变量的系数无论是在显著性水平还是系数符号与理论预期是否相悖方面均变化较大，也体现出机会成本变量的选取是非常困难的，很难获得一致性的与理论预期相符或不符的结论。表 4.1 中模型（Ⅱ）与模型（Ⅲ）的汇率波动性指标系数均为正，表明汇率的波动性越高，货币当局持有的外汇储备规模越大，体现了货币当局追求汇率稳定的政策目标，但模型（Ⅲ）的汇率波动性指标为通过显著性检验。另外，表 4.1 中模型（Ⅱ）与模型（Ⅲ）的资本账户开放度指标系数符号与显著性水平的结果与模型（Ⅰ）保持一致，也进一步验证了法定资本账户开放度与外汇储备之间的负相关关系。

为进一步判断模型结果的稳健性，本书将汇率指标从名义有效汇率替换为美元兑人民币的双边汇率，结果如表 4.2 所示。

表 4.2　　　基于法定开放度测度的外汇储备需求模型回归结果（US-RMB）

变量	模型（Ⅰ）				模型（Ⅱ）		模型（Ⅲ）	
	A	B	C	D	A	B	A	B
产出	3.098 ***	3.816 ***			1.394 ***	1.309 ***	1.802 ***	2.440 ***
机会成本	0.006	0.020 **	0.018 *	- 0.008	- 0.016 *	- 0.017 *	0.006	0.020 **
进口	- 0.236 ***	- 0.308 ***	0.202 ***	0.153 ***	0.304 ***	0.286 ***	- 0.236 ***	- 0.308 ***
汇率波动	- 0.037	0.067	1.020	0.442	- 1.533 *	- 1.455 *	- 0.037	0.067
M2	- 0.060	- 0.068	1.172 ***	0.713 ***	- 1.876 ***	- 1.700 ***	- 0.060	- 0.068
OPEN（法定）	- 0.635 ***	- 0.388 **	- 0.899 ***	- 1.207 ***	- 1.473 ***	- 1.498 ***	- 0.635 ***	- 0.388 **
CVI		0.001 **		- 0.002 ***		- 0.001		0.001 **
Adjusted R^2	0.754	0.764	0.551	0.609	0.954	0.954	0.620	0.635

注：显著性水平分别用以下符号表示："***"代表 0.001；"**"代表 0.01；"*"代表 0.05。

将表 4.2 中的结果与表 4.1 对比可以看出，模型（Ⅰ）的结果相当稳健，即使将名义有效汇率替换为双边汇率以衡量汇率的波动性指标，但本书重点关注的指标，如法定开放度指标、CVI 指标、M2 指标等的结果未发生显著变化，即表 4.2 中的模型（Ⅰ）仍然反映出货币供应量指标主要体现的是一种规模性指标，其作为潜在资本外逃的代理变量是不合适的，而企业脆弱性指数（CVI）则可以一定程度上反映金融体系的系统性风险，金融系统性风险越高，货币当局选择持有更多的储备以应对可能的外部冲击。表4.2中模型（Ⅱ）的结果与表4.1中模型（Ⅱ）的结果基本吻合，除了汇率波动性指标，汇率波动性指标在表4.1中的符号为正，在表4.2中则变为负，表明中美汇率的波动性越大，货币当局持有的外汇储备规模越小，表明中国货币当局对中美汇率波动的容忍度在提高，也一定程度上印证了中国的汇率制度向更为浮动的方向发展，尤其是人民币盯住美元的事实已经在改变；名义有效汇率波动的符号为正表明人民币兑"一篮子"货币的波动性越大，中国货币当局持有的外汇储备规模越多，这一变化体现了人民币汇率兑"一篮子"货币比价的相对稳定是货币当局关注的宏观经济目标之一。

表4.2中模型（Ⅲ）的结果与表4.1中模型（Ⅲ）的结果基本吻合。综合表4.1与表4.2中3个模型的结果可以发现，中国的外汇储备管理着重关注中国的金融系统稳定、人民币兑"一篮子"货币的汇率相对稳定、贸易开放度等因素，在这一过程中，外汇储备规模变化与法定资本账户开放度指标负相关，表明中国的外汇储备与资本账户管制之间存在着某种互补关系，两者作为稳定中国金融市场的重要工具，在具体运用过程中彼此互补，而非彼此替代。

（二）基于事实开放度的实证结果

表4.3与表4.4中的结果将前文分析中使用的资本账户开放度指标从法定开放度指标替换为事实开放度指标，以期对资本账户开放这一因素对外汇储备规模影响的稳健性进行检验。

表4.3中模型（Ⅰ）的A、B列结果显示出，在考虑事实开放度的背景下，CVI仍然构成影响外汇储备规模变化的重要因素之一，且CVI指标

回归系数的符号符合预期，显著性水平为 0.1%。同时，表 4.3 中模型（Ⅰ）的 A、B 列结果中 M2 指标的系数仍然与预期相反，且未通过显著性检验；贸易开放度指标的系数符号也与预期相反；事实开放度指标的符号仍然为负，但在 B 列的回归结果中其显著性水平较低。当去掉产出指标时，表 4.3 中模型（Ⅰ）的 C、D 列结果与基于法定开放度指标的相应结果基本吻合，但机会成本变量的系数在表 4.3 中模型（Ⅰ）的 C、D 列结果中符号为负，符合预期且显著性水平达到 0.1%；与表 4.3 中模型（Ⅰ）的 A、B 列结果相比，C、D 列结果中贸易开放度指标（进口）由负变正，而正号表示贸易开放度越高，外汇储备规模越大，体现了货币当局对贸易开放度引起的用汇需求的重视，是一种审慎性需求。基于名义有效汇率计算的汇率波动性指标显著性未通过检验。但 M2 指标在表 4.3 模型（Ⅰ）中的四个回归方程中其系数由负（A、B 列结果）变正（C、D 列结果），且显著性由不显著变为显著，进一步印证了即使在事实开放度的视角下考察外汇储备规模变化的影响因素时，M2 指标仍然是一种规模性指标，依据 M2 与外汇储备规模的正相关推断 M2 可以作为潜在资本外逃的代理变量这一逻辑是存在问题的。

表 4.3　　基于事实开放度测度的外汇储备需求模型回归结果（NEER）

变量	模型（Ⅰ）				模型（Ⅱ）		模型（Ⅲ）	
	A	B	C	D	A	B	A	B
产出	3.415 ***	4.408 ***			1.148 ***	0.875 ***	2.025 ***	2.930 ***
机会成本	-0.026 ***	0.017 *	-0.022 ***	-0.035 ***	-0.017 •	-0.023 *	-0.026 ***	0.017 *
进口	-0.207 ***	-0.347 ***	0.277 ***	0.277 ***	0.409 ***	0.364 ***	-0.207 ***	-0.347 ***
汇率波动	0.014	0.006	-0.024	-0.018	0.070 ***	0.090 ***	0.014	0.006
M2	-0.183	-0.131	1.127 ***	1.003 ***	-1.842 ***	-1.302 ***	-0.183	-0.131
OPEN（事实）	-0.500 *	-0.180	-0.761 **	-0.831 **	-1.156 ***	-1.232 ***	-0.500 *	-0.180
CVI		0.002 ***		-0.001		-0.002 ***		0.002 ***
Adjusted R²	0.700	0.752	0.445	0.448	0.959	0.961	0.538	0.618

注：显著性水平分别用以下符号表示："***"代表 0.001；"**"代表 0.01；"*"代表 0.05；"•"代表 0.1。

　　表4.3中模型（Ⅱ）的结果与表4.1中模型（Ⅱ）的结果相比，在拟合优度 R^2、回归系数的符号以及显著性方面均保持一致。表4.3中模型（Ⅲ）的结果与表4.1中模型（Ⅲ）的结果比较，模型（Ⅲ）的 A 列结果在机会成本这一指标方面表现出差异，机会成本的系数显著性水平达到0.1%且符号为负，符合预期；模型（Ⅲ）的 B 列结果在表4.1和表4.3中，仅在开放度指标的显著性水平上出现差异，基于事实开放度的指标尽管符号仍为负，但未通过显著性检验；模型（Ⅲ）中 CVI 指标的系数仍显著，且系数值在基于事实开放度的回归结果中更高，为0.002，体现了 CVI 指数与外汇储备规模之间的正相关关系，背后的经济含义是，越高的金融市场系统性风险，对应着越大的外汇储备规模增量，体现了外汇储备管理当局对维持金融稳定目标的重视。

　　为了进一步验证表4.3中结果的稳健性，与前文分析类似，将名义有效汇率指标换成中美双边汇率指标。结果如表4.4所示。

表4.4　　基于事实开放度测度的外汇储备需求模型回归结果（US-RMB）

变量	模型（Ⅰ）				模型（Ⅱ）		模型（Ⅲ）	
	A	B	C	D	A	B	A	B
产出	3.431 ***	4.399 ***			1.205 ***	1.047 ***	1.986 ***	2.915 ***
机会成本	-0.023 ***	0.018 *	-0.023 ***	-0.036 ***	-0.013	-0.016 •	-0.023 ***	0.018 *
进口	-0.221 ***	-0.350 ***	0.294 ***	0.288 ***	0.338 ***	0.305 ***	-0.222 ***	-0.350 ***
汇率波动	-0.724	-0.109	0.161	-0.114	-1.564 *	-1.410 *	-0.724	-0.109
M2	-0.224	-0.136	1.142 ***	0.992 ***	-2.000 ***	-1.691 ***	-0.224	-0.136
OPEN（事实）	-0.506 *	-0.191	-0.709 **	-0.791 **	-1.257 ***	-1.337 ***	-0.506 *	-0.191
CVI		0.002 ***			-0.001	-0.001 *		0.002 ***
Adjusted R^2	0.702	0.752	0.442	0.446	0.958	0.958	0.541	0.618

　　注：显著性水平分别用以下符号表示："***"代表0.001；"**"代表0.01；"*"代表0.05；"•"代表0.1。

　　与表4.2中的结果比较，表4.4对应的主要变量的系数与显著性呈现出些许差异。具体地，表4.4模型（Ⅰ）中 A、B 列回归方程的事实开放度指标显著性水平下降；表4.4模型（Ⅰ）中 D 列机会成本的显著性较表

4.2 模型（Ⅰ）中 D 列机会成本的显著性高，汇率波动性指标在表 4.4 模型（Ⅰ）中 D 列的系数符号发生变化，显著性水平仍然未通过检验，CVI 指标的显著性与模型（Ⅰ）中 D 列的相应指标比较，显著性水平下降。

表 4.4 模型（Ⅱ）的结果与表 4.2 模型（Ⅱ）的结果相比，在拟合优度 R^2、回归系数的符号以及显著性方面，除了 CVI 指标以外均保持一致。表 4.4 中模型（Ⅲ）的结果与表 4.2 中模型（Ⅲ）的结果比较，模型（Ⅲ）的 A 列结果在机会成本这一指标方面表现出差异，表 4.4 模型（Ⅲ）的 A 列回归结果中机会成本的系数显著性水平达到 0.1% 且符号为负，符合预期；模型（Ⅲ）的 B 列结果在表 4.2 和表 4.4 中，汇率波动性指标系数符号发生变化，另外，在开放度指标的显著性水平上出现差异，基于法定开放度的指标系数为负且在 1% 的水平上显著异于零，基于事实开放度的指标尽管符号仍为负，但未通过显著性检验；模型（Ⅲ）中 CVI 指标的系数显著性水平提高至 0.1%，且系数值在基于事实开放度的回归结果中更高，为 0.002，体现了 CVI 指数与外汇储备规模之间的正相关关系，表 4.4 中模型（Ⅲ）的结果进一步验证了中国外汇储备动态管理过程中对金融市场系统性风险（CVI 作为代理变量）的重视。

五、结论与相关政策建议

中共十八届五中全会中强调的"实现金融风险监管全覆盖"的政策目标体现了我国对金融稳定的高度重视。事实上，在中国资本账户逐步开放的进程中，中国基本实现了较高程度的金融稳定。在跨境资本流动频繁、金融危机频发的国际环境中，中国并未经历资本骤停。[1] 然而，自 2014 年 6 月中国外汇储备存量达到最高值（3.99 万亿美元）以来，截至 2016 年

---

[1]　参见珍妮等（2011）、比安奇等（2013）。文章显示，中国近年来并未经历资本骤停。

12 月，外汇储备存量跌至 3.01 万亿美元①，于是，中国可能面临资本外逃的风险引起了学术界的广泛关注。基于前文论述，在如此复杂的国际经济环境下，中国如何在实现经济增长的同时，保持金融稳定，不能忽视外汇储备的重要作用。结合前文的分析，本书对金融稳定目标下中国外汇储备管理提出以下政策建议。

（一） 与资本管制措施配合以保证中国经济基本面维持良好状况

菲利普等（Philippe et al.，2013）的研究表明，累积外汇储备同时保持一定程度的资本管制，对于处于转型阶段的中国而言是一种最优的政策选择。事实上，保持适当的资本管制既可以提高货币政策的独立性，从而增加货币政策促进经济增长的有效性，危机时期也能起到缓冲外部冲击、抵御金融风险传染的效果。与外汇储备配合使用，将可以进一步提高政策有效性，促进经济增长、平抑经济波动，将有助于保证经济基本面处于良好状态，进而降低投机冲击和发生金融危机的概率。因此，外汇储备的管理应该时刻关注资本账户开放进程，与必要的资本管制措施配合使用，以服务经济增长、金融稳定的宏观经济目标。

（二） 保证外汇储备的充足性

在全球金融一体化的背景下，基于金融稳定的视角，对外汇储备的充足性问题进行再考量是十分必要的。目前为止，学术界对于外汇储备充足性的标准尚未达成一致意见。传统的外汇储备充足性指标包括满足 3 个月进口、足以支付短期外债（格林斯潘法则）等。最新的研究显示，外汇储备的充足性不能忽视一国的金融发展程度和对外开放度，尤其有必要关注

---

① 外汇储备数据来自国家外汇管理局官方网站。

金融稳定这一目标。已有的外汇储备充足性研究表明，适量规模的外汇储备是确保金融稳定的前提条件。[①] 估计中国外汇储备充足性时应充分考虑包括外债规模、汇率波动幅度、资本市场开放程度、宏观经济基本面状况、经常账户逆差规模、公民与非公民资本流动性的高低、资本骤停、资本外逃等因素，同时根据国内外经济态势的新变化不断修正每一时段的外汇储备充足性指标。

（三）监测跨境资本流动

监测跨境资本流动，尤其是短期的跨境资本流出，即资本外逃。2014年以来，我国在保持经济账户顺差的情况下，外汇储备却持续下降，除了"藏汇于民"、鼓励中国企业"走出去"等因素以外，也反映了中国面临资本大量外流的巨大压力。中共十八届三中全会提出了"建立健全宏观审慎管理框架下的外债和资本流动管理体系"，体现了国家对跨境资本流动及其引发的一系列经济效果给予了足够的重视。因此，在宏观审慎管理框架下，结合全口径跨境融资宏观审慎管理，依据更完备的跨境资本流动数据，合理运用外汇储备对冲开放的资本账户带来的影响，有助于推动中国经济平稳增长，保障金融稳定。

[①] 李巍，张志超. 一个基于金融稳定的外汇储备分析框架——兼论中国外汇储备的适度规模［J］. 经济研究，2009（8）：27 – 36.

第五章
资本账户开放背景下
中国外汇储备的创新运用

中国是世界上持有外汇储备规模最大的国家，尽管对于中国是否持有超额外汇储备这一问题存在诸多观点[①]，但基于传统的外汇储备充足性指标标准，中国的外汇储备规模能够满足国家经济金融发展的需求。在这样的前提下，在中国资本账户逐渐开放的大背景下，如何创新运用外汇储备，在保证外汇储备资产的安全性和流动性的条件下，实现外汇储备保值增值、创新外汇储备运用成为值得关注的重要问题。

第一节　中国外汇储备创新运用的国内外背景

在进一步讨论外汇储备创新运用之前，有必要对外汇储备的"常规运用"进行再界定。鉴于外汇储备在国际储备中占据主要地位，因此，国际

[①] 有研究认为，中国的外汇储备规模处于适度区间，如李巍、张志超（2009），也有报告显示中国持有的储备规模超出了充足性指标，如美国财政部 2015 年 4 月公布的年报（Report to Congress on International Economic and Exchange Rate Policies）。

间常将"国际储备"与"外汇储备"混同使用。根据国际货币基金组织对国际储备概念的界定，国际储备是货币当局可以使用的且在其控制之下的对外金融资产。国际储备可以用于弥补国际收支不平衡、干预外汇市场或者其他目标，如支撑投资者对本国经济和本国货币的信心、作为本国实施国际借贷的基础等。另外，关于外汇储备管理，国际货币基金组织于2012年公布了相关的指导性文件——《外汇储备管理指南》修订版（Revised Guidelines for Foreign Exchange Reserve Management），该指南中再次强调，合理的外汇储备管理应该能够增强一国或区域联盟抵御各种冲击的能力，尤其在金融危机爆发期间。这与大量关于外汇储备持有动机的研究结论是一致的。尽管学术界将一国持有外汇储备的动机分为审慎性动机、重商主义动机和追赶动机，但在对包括中国在内的新兴市场进行实证分析后证实，利用外汇储备应对各种外部冲击的审慎性动机是各国持续累积外汇储备的最主要原因。鉴于此，一国外汇储备的"常规运用"除了满足国际交易的目的，还需留存部分储备应对各种负面冲击，如资本骤停、资本外逃等。而应对各种冲击留存的外汇储备仍属于外汇储备的"常规运用"范畴。

那么，在满足了外汇储备的"常规运用"功能以后，对于超额储备进行投资管理以满足其他目标将构成外汇储备的创新运用。中国的外汇储备创新运用是在既有的外汇储备运用基础上，结合新的国内外经济发展态势，对于超额外汇储备进行多目标、多渠道的创新管理。

一、中国外汇储备创新运用的国内背景

中国外汇储备创新运用面对的主要的国内经济背景是中国经济发展进入新常态，中国经济从高速增长转为中高速增长，经济结构方面不断优化升级，经济增长的动力也从要素驱动、投资驱动转向创新驱动。在这样的背景下，如何创新运用外汇储备以支持实体经济增长、支持产业结构升级和经济增长动力升级成为值得关注的重要问题。

　　具体地，中国经济增长速度从高速增长转为中高速增长是 2008 年国际金融危机以后中国经济展现出的新特征。从图 5.1 中描绘的中国 GDP 同比增长率数据可以看出，2014 年开始，中国的 GDP 同比增速低于 8%，2015年以后的 GDP 同比增速则下降至 7% 以下。尽管如此，值得注意的是，在全球范围内，中国的 GDP 增速仍具有绝对优势，仍然是拉动全球经济增长的主要动力源。

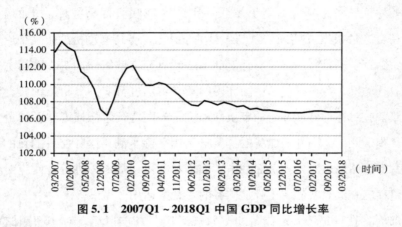

图 5.1　2007Q1～2018Q1 中国 GDP 同比增长率

资料来源：CEIC 数据库。

　　在中国经济的总体增速进入新常态的同时，我们注意到，从更为微观的产业视角可以发现一些重要事实。从图 5.2 描绘的中国第一产业、第二产业和第三产业的同比增速状况看，与国际金融危机之前的 2007 年比较，第一产业同比增速并未发生显著变化，第二产业与第三产业受到金融危机的影响比较明显，展现出了更强的周期性。

　　从经济结构优化升级的角度看，如果经济增长的动力从要素驱动、投资驱动转向创新驱动，则第三产业在未来可能展现出更大的发展空间。从过去十年的数据看（见图 5.2），第二、第三产业的同比增长率始终高于第一产业，同时，第二产业与第三产业也表现出了较强的周期性特征，与GDP 同比增速呈现出类似的趋势性变化，而第一产业同比增速的周期性特征较弱；另外，从 2014 年第三季度开始，第三产业的同比增长率超过第二产业成为三个产业中增速最快的产业。

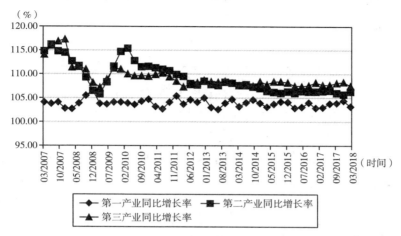

图 5. 2　2007Q1～2018Q1 中国第一、第二、第三产业同比增长率

资料来源：CEIC 数据库。

在第三产业中，金融业、房地产业以及交通运输、仓储和邮政业在 2015 年以后同比增速有所下降，图 5.3 描绘了自 2007 年第一季度起至 2018 年第一季度中国第三产业中金融业、房地产业以及交通运输、仓储和邮政业的同比增长率状况。从图 5.3 可以看出，金融业、房地产业以及交通运输、仓储和邮政业均呈现出较强的周期性特征，同比增长率变化趋势与第三产业指数的变化趋势基本一致。

第三产业中的信息传输、软件和信息技术服务业（图 5.4 中简记为"信息传输"）以及租赁和商务服务业同比增长率均高于金融业（见图 5.4），尤其是信息传输、软件和信息技术服务业同比增速更是一度超过 130%，且近年来保持持续增长态势。在中国经济进入新常态的宏观经济背景下，信息传输、软件和信息技术服务业仍然保持良好的运行态势，且产业规模不断扩大，产业地位也显著提升，与此同时，该产业推动了国民经济和社会信息化建设，带动了传统产业改造升级，未来也具备非常大的发展空间。

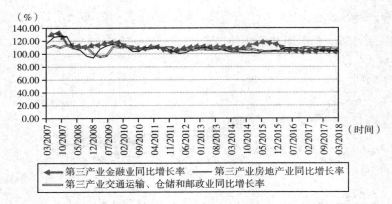

图 5.3　2007Q1～2018Q1 中国第三产业金融业、房地产业、交通运输业同比增长率

资料来源：CEIC 数据库。

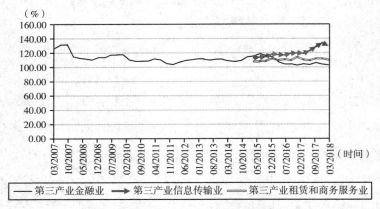

图 5.4　2007Q1～2018Q1 中国第三产业金融业、信息传输业

和租赁与商业服务业同比增长率

资料来源：CEIC 数据库。

　　总之，在这样的国内经济背景下，如何创新运用外汇储备助力实体经济增长、助力产业结构优化升级成为值得关注的重要问题。

二、中国外汇储备创新运用的国际背景

　　2010 年起，全球经济开始从 2008 年的金融危机中大幅回升，2016 年

中开始的全球经济回暖则表现得更为广泛和强劲，国际货币基金组织2018年4月发布的《世界经济展望》预测，在未来的两年发达经济体将继续以超过潜在经济增长率的速度扩张。经济的同步扩张也促使发达经济体更快地退出非常规货币政策，美联储加息、美元走强、欧洲央行逐步退出货币宽松等因素都将影响新兴市场债券、股票等市场的投资回报，地缘政治风险等也会增加新兴市场的不确定性，国际经济形势呈现出经济回暖与潜在风险增加并存的特征。

（一）美国经济强劲复苏

2010年开始，美国经济展示出复苏迹象（见图5.5），根据《世界经济展望》2018年4月公布的数据（World Economic Outlook Database, April 2018），2010年美国GDP增长速度达到2.53%，尽管2011年增速有所回落，但2012年再度超过2%达到2.22%，2015年一度达到2.86%。《世界经济展望》对美国2018年的经济增速预测值为2.93%，2019年预测值为2.66%，2020年预测值有所下调（1.85%）。

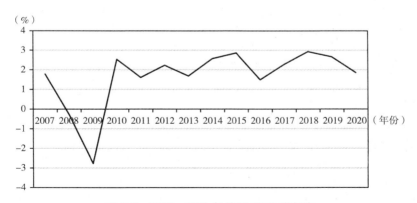

图 5.5 2007～2020 年美国 GDP 增长率

注：2018～2020 年数据为预测值。
资料来源：《世界经济展望》2018 年。

同时，美国的通货膨胀率（平均的消费者物价指数）也走出了金融危机期间的低谷，2010 年达到 1.64%，2011 年则达到 3.14%，之后有所回落，2017 年再度超过 2%；另外，《世界经济展望》对美国 2018 年的通货膨胀率预期值为 2.54%（见图 5.6）。

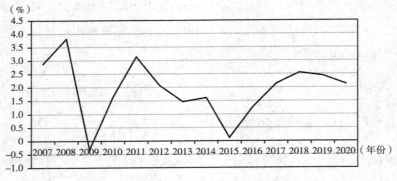

图 5.6　2007～2020 年美国 CPI 增长率

注：2018～2020 年数据为预测值。
资料来源：《世界经济展望》2018 年。

美国经济的强劲复苏带来了失业率的大幅度下降。从金融危机期间高达 9.28%（2009 年）的失业率逐步下降到 4.35%（2017 年），《世界经济展望》预测美国 2018 年失业率将进一步下降到 4% 以下，预测值是 3.53%（具体参见图 5.7）。

在宏观经济指标一切向好的背景下，美国的货币政策走向也发生了显著变化。从 2015 年 12 月启动本轮加息周期以来到 2018 年，美联储已加息 7 次。2018 年美国启动了两次加息，第一次发生在美国当地时间 3 月 21 日，美联储宣布将联邦基金利率目标区间上调 25 个基点到 1.5%～1.75% 的水平，这是美联储 2018 年的首次加息。第二次加息发生在 6 月 13 日，美联储宣布将联邦基金利率目标区间上调 25 个基点到 1.75%～2% 的水平，这是美联储 2018 年的第二次加息。此外，美联储官员预计 2018 年共加息 4 次，预计 2019 年和 2020 年将分别加息 3 次和 1 次。[①]

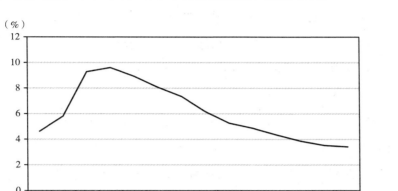

图 5.7　2007～2020 年美国失业率

注：2018～2020 年数据为预测值。

资料来源：《世界经济展望》2018 年。

美国经济强劲复苏以及美联储加息政策的变化对国际经济产生了深刻的外溢效应。以中国为例，受到美联储加息的影响，人民币兑美元汇率在 2018 年不断下跌，人民币兑美元中间价在 2018 年 6 月 28 日已经达到 6.60，与本次加息之前 2018 年 6 月 12 日的 6.41 比较，人民币贬值 5.6%。

（二）全球范围内债务水平上升

受到 2008 年金融危机的影响，世界经济陷入衰退。为了刺激经济增长，各国普遍采取了宽松的货币政策和财政政策。而宽松的财政政策的后果是引发了世界范围内债务水平的快速上涨。

根据《世界经济展望》2018 年的报告[②]，总的公共债务与 GDP 的相对规模在 2009 年以后快速上升。世界范围内总的公共债务与世界 GDP 的比值一度达到 80%。主要发达经济体的公共债务相对水平则超出全球公共债

---

① 转引自搜狐网，"美联储再次加息 上调联邦基金利率 25 个基点"，2018 年 6 月 14 日。

② 《世界经济展望》2018 年 4 月报告，英文版，图 1.15。

务相对水平，一度超过120%，平均高出全球公共债务与 GDP 比值40个百分点。相比较而言，新兴市场和亚洲发展中国家的公共债务相对水平较低，在40%左右；拉美经济体与加勒比海地区的公共债务相对水平高于新兴市场和亚洲发展中国家，在50%左右；其他新兴经济体和发展中国家的公共债务水平最低，低于40%。

由此可见，主要发达经济体公共债务水平的快速上升是世界经济不稳定的重要影响因素之一，而欧洲主权债务危机的爆发已经对高政府债务可能带来的危害提供了最值得思考的素材。以美国为例，美国的政府债务与美国 GDP 的相对比重在 2007 年以后快速增长，2011 年首次超过100%，2017 年更是一度高达 122.25%。另外，据《世界经济展望》2018 年 4 月的报告，预测美国债务占 GDP 的比重将继续上升，在 2020 年将达到134.45%（见图5.8）。

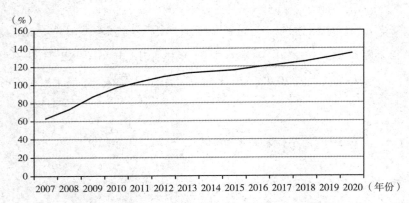

图 5.8　2007～2020 年美国政府债务与 GDP 比值

注：2018～2020 年数据为预测值。

资料来源：《世界经济展望》2018 年。

（三）贸易限制和报复全面升级

当前，全球范围内尤其是美国针对中国展开的贸易限制和报复升级形成了国际经济形势的一大特征，也成为国际经济的重要风险源。美国自

2018 年 3 月开始实施的针对中国的贸易保护主义措施正在突破贸易摩擦的边界进入贸易战的状态。美国针对中国挑起的贸易保护给国际金融市场带来了明显的冲击并使刚刚向好的世界经济增长前景再次充满不确定性（孙杰，2018）。

回顾 2018 年的中美贸易战，美国时间 2018 年 4 月 3 日，美国政府依据 "301 调查"（Special 301 Report）单方认定结果，宣布将对原产于中国的进口商品加征 25% 的关税，涉及约 500 亿美元中国对美出口。2017 年美国 "301 调查" 报告中对《中国制造 2025》（Made in China 2025 Plan）给予了极大的关注，而事实上，《中国制造 2025》的制定和发布让美国感觉到其制造业尤其是技术创新领域的龙头地位岌岌可危，因此，遏制中国的技术进步、阻止中国技术崛起成为美国的战略选择。美国在 2018 年首次提出的总值 500 亿美元对中国加征关税的领域也主要集中在《中国制造 2025》计划中未来要发展的高科技产业，因此，遏制中国技术赶超是美国发动贸易战的重要原因之一。

美国加征关税的措施明显违反了世界贸易组织的相关规则，严重侵犯中国根据世界贸易组织规则享有的合法权益，威胁中国的经济利益和安全。对于美国违反国际义务对中国造成的紧急情况，为捍卫中国自身合法权益，中国商务部在 2018 年 4 月 14 日发布公告，明确指出，"中国政府依据《中华人民共和国对外贸易法》等法律法规和国际法基本原则，将对原产于美国的大豆等农产品、汽车、化工品、飞机等进口商品对等采取加征关税措施，税率为 25%，涉及 2017 年中国自美国进口金额约 500 亿美元。"

2018 年 6 月 15 日，美国政府发布了针对中国的加征关税的商品清单，将对从中国进口的约 500 亿美元商品加征 25% 的关税，其中对约 340 亿美元的商品自 2018 年 7 月 6 日起实施加征关税，同时就约 160 亿美元商品加征关税开始征求公众意见。美国这一措施再次违反了世界贸易组织相关规则，中国针对美国这一举措再次做出反应，"根据《中华人民共和国对外贸易法》《中华人民共和国进出口关税条例》等法律法规和国际法基本原则，国务院关税税则委员会决定对原产于美国的659项约500亿美元进口商品加征25%的关税，其中545项约340亿美元商品自2018年7月6日起实施加征关税。"①

中国针对美国贸易战采取的策略，实际上是在努力避免全球经济格局调整过程中可能出现的剧烈动荡，避免陷入"修昔底德陷阱"。美国在2018年发动贸易战在某种程度上是为了化解美国经济运行面临的下行风险，但贸易保护主义必然带来全球化成本的上升和国际竞争力的下降。全球化是经济资源在全球范围内进行最优配置的过程，各国普遍在全球化过程中获益，尽管全球化也造成了分配的不平等和发展的失衡，但综合研判世界经济发展的趋势，经济全球化是不可逆转的时代潮流。

第二节　政策当局支持外汇储备创新运用的方式

在当前国内经济发展进入新常态、国际经济形势诡谲多变的背景下，考虑到中国的外汇储备规模无论从传统的角度还是依据国际货币基金组织最新的宽口径标准，均能够满足清偿需要，中国的政策当局开始着力支持外汇储备的创新运用。具体而言，外汇储备创新运用的方式主要体现在以下三个方面。

---

① 转引自中华人民共和国财政部官方网站，"国务院关税税则委员会关于对原产于美国500亿美元进口商品加征关税的公告"，http：//gss. mof. gov. cn/zhengwuxinxi/zhengcefabu/201806/t20180616_2930325. html。

一、助推中国实体经济增长

超额储备的运用往往追求的是外汇储备作为金融资产能够实现更高的资本收益。如，新加坡政府投资公司将外汇储备投资于股票、房地产等领域，淡马锡控股利用外汇储备投资高科技产业等。韩国、马来西亚也建立起本国的政府投资公司。然而，在中国经济进入新常态、全球经济发展依然面临诸多不确定性的背景下，中国外汇储备创新运用的方式之一将体现在服务实体经济发展方面，探寻外汇储备助推中国实体经济增长的有效途径。

在党的十九大报告中明确指出，中国"发展不平衡不充分的一些突出问题尚未解决，发展质量和效益还不高，创新能力不够强，实体经济水平有待提高"，因此，要"深化金融体制改革，增强金融服务实体经济能力"。与此同时，《国家外汇管理局年报 2017》也进一步明确，要"促进贸易便利化，服务实体经济发展"，并发布《国家外汇管理局关于便利银行开展贸易单证审核有关工作的通知》，向银行开放报关电子信息，便利银行贸易付汇业务真实性审核。坚持金融系统服务实体经济发展的政策，不仅有利于推动实体经济增长，同时有助于控制金融过度虚拟化，防止金融资产泡沫化。

对于金融与实体经济之间的关系，实体经济为本，金融服务为末，只有实体经济的发展与繁荣，才能为金融服务提供更为广阔的空间①。金融业的收益来自实体经济，有效服务实体经济是金融业安身立命之本。新常态下，金融服务实体经济的重点是促进科技进步和技术创新，促进生产要

---

① Rey，Hélène. Dilemma not Trilemma：The Global Financial Cycle and Monetary Policy Independence［R］. In Global Dimensions of Unconventional Monetary Policy，2013 Jackson Hole Symposium Proceedings，2013.

素重组，同时，注意便利市场在资源配置中发挥决定性作用，具体来说，就是要便利交易方式、便利支付清算①。因此，外汇管理方面提供相关政策以促进贸易便利化是金融服务实体经济的重要表现。

对于满足"常规运用"以外的超额外汇储备进行科学管理也将有助于推动中国的实体经济发展，具体地，应该将外汇储备投资于对中国实体经济增长具有显著正向外溢效应的国家和产业，在此过程中应重点考虑在中长期与中国经贸往来密切的国家和地区。在具体的产业选择方面，利用外汇储备为"一带一路"沿线国家和地区的基础设施注入资金，是目前外汇储备创新运用的表现之一。支持"一带一路"沿线国家和地区的基础设施建设，有利于促进和帮助沿线国家和地区发展交通、运输、通信、电力等基础设施建设，推动沿线国家和地区的经济增长。然而，利用外汇储备为沿线国家基础设施投资可能面临投资周期长、抗风险能力差，面临复杂的风险如货币对冲风险、政策风险（征用风险、合同风险等）以及政治风险（政变、社会运动、内战或国际战争等）等问题，这也是跨境基础设施投资主要依靠双边或多边官方援助投资的原因。值得注意的是，依据中国自身的发展经验，对基础设施和固定资产的投资对于发展经济十分重要，同时，中国在长期的对外发展援助实践中，也以援助发展中国家基础设施建设为其鲜明特点。为发展中国家的基础设施投资建设提供资金支持可以避免自然资源禀赋和相对优势互补的国家错失共同发展的优势和机遇。中国利用外汇储备支持"一带一路"沿线国家和地区的基础设施建设，有利于促进"一带一路"沿线国家和地区经济的互联互通和经济一体化，助推"一带一路"沿线国家和地区的实体经济发展，中国在此过程中尽管承担了风险，但从长期看，也将在经济全球化、经济一体化的过程中获益，这是中国外汇储备创新管理的方式之一。

---

① Ruiz-Arranz M. , Zavadjil M. Are Emerging Asia's Reserves Really Too High？ ［EB/OL］. IMF Working Papers，No. 08/192，2008.

二、提高国内货币政策的独立性

在中国日益推进资本账户开放的背景下，将不可避免地面临国际金融领域的"三难困境"，即资本自由流动、汇率稳定与货币政策的独立性三个目标无法同时实现。而保持汇率的相对稳定以及独立、有效的货币政策是推动中国实体经济增长的重要因素。如何在资本账户有序开放的背景下，维持人民币汇率的相对稳定，同时保持货币政策的独立性，似乎是无法实现的目标组合。

注意到，货币政策的独立性在宏观经济发展中具有重要的作用，货币政策独立性是构成一国货币政策有效性的基础。[1] 大量学术观点认为，将人民币盯住美元尽管保持了汇率稳定，但也意味着中国的货币政策必须根据美国的货币政策进行调整，因而失去其独立性。为了保证货币政策的独立性，更好地调控国内宏观经济，中国应允许人民币汇率自由浮动。[2] 然而，在国际资本高度流动的经济背景下，浮动汇率制并不能保证货币政策的独立；汇率波动弹性提高也并不意味着货币政策自主性必然增强。[3] 资本账户开放的确会对货币政策独立性造成影响，若在时机尚未成熟时贸然开放资本账户致使货币政策丧失独立性，将存在爆发金融危机的隐患；实现资本项目自由化的同时能否保持货币政策逆周期调控的效力，决定了货币当局对危机的反应能力；但相关研究结果表明，资本账户的开放会引起货币政策的产出效应下降，通胀效应上升，即逆周期调控失灵，但这一传

---

[1] Frankel J. , Schmukler S. , Servén L. Verifiability and the Vanishing Intermediate Exchange Rate Regime [R]. Brookings Trade Forum 2000, 2000: 351 – 386.

[2] 卫迎春，邹舒. 中国货币政策对美国货币政策独立性的实证分析 [J]. 国际贸易问题，2012（7）：115 – 124.

[3] 杨柳，黄婷. 我国汇率制度弹性、货币政策有效性与货币政策独立性研究——基于 SFA-VAR 模型的实证分析 [J]. 管理评论，2015，27（7）：43 – 57.

导过程与汇率制度的改变无关。①

另外，最新的研究结果表明，"三难困境"是开放经济体在长期会面临的政策约束，而短期内，应用适当的政策工具是有可能在短期内同时实现三个目标的，外汇储备作为一国货币当局工具篮子中的重要工具之一，是化解"三难困境"的金钥匙（斯坦纳，2015）。基于已有的理论研究和实证结果，一国中央银行如果可以通过外汇储备的适当调整，吸收金融市场对国内外资产相对需求的变动，则可以对冲开放的资本账户带来的影响，从而在保持人民币汇率相对稳定的基础上，提高货币政策的独立性，这是外汇储备创新运用的另外一个重要目标。

三、支持中国在全球金融治理中发挥切实作用②

"二战"后建立的国际金融体系，形成了市场竞争的商业性金融系统和政府间合作的政策性金融系统的二元结构特征，有效地推进了世界经济的发展，但原有的国际金融体系出现了治理困境。具体表现在，全球金融治理体系呈现碎片化倾向，全球金融治理的制度性话语权存在显著失衡，全球政策性金融产品及政府间获利合作的制度性金融产品供给乏力，政府间获利合作的金融体系长期处于空缺状态。在此背景下，中国主导建立的政府间获利合作的"金砖国家新开发银行（又名金砖银行）""亚洲基础设施投资银行（简称亚投行）""一带一路"货币合作等金融机制的供给，填补了这一空白。在全球金融治理面临诸多困境的局势下，中国可以在金

---

① 刘金全，张菀庭，徐宁. 资本账户开放度、货币政策独立性与汇率制度选择：三元悖论还是二元悖论？[J]. 世界经济研究，2018（5）：3–13.

② 增强中国在全球金融治理中制度性话语权的相关学术观点作者已经正式发表于《社会科学战线》（2018年第5期），题为"增强中国在全球金融治理中制度性话语权的战略路径分析"，作者为王立荣、刘力臻。

融类资源的国际供给中获取中国的话语权，而外汇储备在此领域的创新运用是实现中国话语权提升的重要保障。

早在20世纪80年代就有相关研究用国际公共产品理论解释"霸权稳定论"，即霸权国通过提高国际公共产品维持霸权秩序；然而，在这种背景下提供的国际公共产品具有私物化和次优性两大缺陷①，霸权国的偏好及霸权国的衰落削弱了国际公共产品的纯粹性与充足性的效用发挥，无法充分满足世界经济发展及区域性国家的具体需求。②

金融类资源的国际供给，既包括硬实力产品也包括软实力产品。硬实力产品表现为投融资、技术含量高的配套产品等，软实力公共产品包括制度、机构、法规、模式、人才供给等。

在硬实力金融资源的国际供给方面，"金砖银行""亚投行""一带一路"的投融资项目等，为中国在全球金融治理中赢得了话语权。以"亚投行"为例，亚洲基础设施投资银行旨在促进亚洲区域建设互联互通和经济一体化，重点支持基础设施建设。众所周知，基础设施建设具有资金需求量大、投资周期长等特征。亚洲基础设施投资银行为处于工业化、城市化起步阶段的亚洲经济体解决基础设施投资资金短缺问题，为其提供中长期金融支持，将可以有效缓解亚洲发展中国家资本市场发展不成熟、融资渠道少等问题，从而为实现亚洲地区互联互通、经济持续稳定增长提供必要的资金支持。亚洲基础设施投资银行的功能将是对国际货币基金组织、世界银行、亚洲开发银行等政策性国际金融机构现有职能的有益补充。中国作为亚投行的倡议国和主要的资金提供国，有责任推动亚投行在亚洲经济发展中发挥更加切实的作用。中国利用外汇储备注资"亚投行"、成立"丝路基金"表明中国外汇储备创新运用的目标除了聚焦国内经济增长与

---

① Charles P. , Kindleberger. Dominance and Leadership in the International Economy: Exploitation, Public Goods, and Free Rides [J]. International Studies Quarterly, Vol. 25, No. 2, 1981: 242－254.

② 陈小鼎. 区域公共产品与中国周边外交新理念的战略内涵 [J]. 世界经济与政治, 2016 (8): 37－55.

经济政策以外，还体现在全球经济治理这一更高层面。利用外汇储备为"一带一路"建设提供资金平台，解决"一带一路"沿线国家对基础设施投资这一资金需求，可以推动其经济的快速发展，这也是全球金融治理旨在解决的问题之一，即将世界经济从持续低迷的状态中解脱出来，寻找全球新的经济增长点。"一带一路"倡议的提出体现了中国作为大国经济在全球经济格局变化以及全球经济治理中将发挥更大的作用，而外汇储备支持"一带一路"基础设施建设是中国在全球金融治理中发挥切实作用的重要举措。

在软实力公共产品的供给方面，于 2000 年构建的《清迈协议》，作为金融类国际区域资源曾有效地开启了东亚区域货币合作进程。在东亚各经济体的努力下，东亚货币合作在多领域取得进展，如区域外汇储备库计划，中国在此计划中已出资 384 亿美元，占储备库总额的 32%。该区域外汇储备库旨在应对金融危机，减少危机对区域内国家的冲击。利用外汇储备注资区域外汇储备库是中国对外汇储备创新运用的另外一种重要方式。

第三节　中国外汇储备创新运用应注意的问题

在明确外汇储备创新运用的具体方式的基础上，为了更好地实现以上目标，外汇储备的管理应着重注意以下四点。

一、进一步明确"正常"用汇规模

对于外汇储备的合理规模或外汇储备的充足规模，至今尚未形成一致的结论。尽管国际货币基金组织从 2011 年起发布了一系列关于外汇储备充足性的研究论文，但在其最新发布的外汇储备充足性的相关报告中仍然强调，单一的指标或模型无法刻画每一个经济体外汇储备的充足性。作为一种参考性指标，国际货币基金组织公布了各经济体按照其最新的宽口径计算方式得出的外汇储备充足性指标。基于国际货币基金组织外汇储备充足性（Assessing Reserve Adequacy，ARA）指标的结果，实际持有的外汇储备规模在 ARA 标准的 100% ~ 150% 视为满足了充足性。依据针对新兴经济体计算的 ARA 标准，中国持有的外汇储备规模在 2016 年以前都达到了充足性标准，但在 2017 年（预测值），中国的外汇储备规模不足 ARA_EM 标准的 100%，且这一相对数值在预测期的后两年继续下降（见图 5.9），因此，根据国际货币基金组织提供的 ARA 标准，中国应该重视未来出现外汇储备充足性不足的局面。

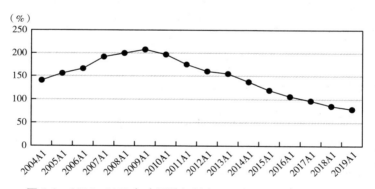

图 5.9　2004 ~ 2019 年中国外汇储备 ARE_EM Metric 充足性

注：EM 代表新兴市场经济体（emerging market economies），2017 ~ 2019 年的该指标数据为预测值。

资料来源：国际货币基金组织网站，http://www.imf.org/external/datamapper/ARA/index.html。

值得注意的是，在国际货币基金组织计算外汇储备充足性标准时，除了公布 ARE_EM Metric，还公布了在考虑一国资本账户开放度这一指标的基础上，调整后的外汇储备充足性标准，在这样的标准下，中国持有的外汇储备规模则达到了充足性标准。然而国际货币基金组织在考虑资本账户开放度这一调整指标时，运用了三种测度方法，包括 Chinn-Ito 指标，而根据前文的分析，Chinn-Ito 指标刻画的中国资本账户开放度在 1993 ~ 2015 年始终为同一数值，无法准确反映中国的资本账户开放状况。因此，基于资本账户开放指标的 ARA_EM Metric 标准对于中国而言需要审慎对待，有必要结合中国的资本账户开放度测度，重新考量中国的外汇储备充足性问题，以明确中国外汇储备的"正常用汇"规模。具体地，估计"正常"用汇需求时应充分考虑包括外债规模、汇率波动幅度、资本市场开放程度、宏观经济基本面状况、经常账户逆差规模、公民与非公民资本流动性的高低、资本骤停等因素，同时根据国内外经济态势的新变化不断修正每一时段的"正常"用汇规模。在此基础上，确定可以创新运用的外汇储备规模。

二、关注中国资本账户开放进程

基于资本账户开放可能为经济运行带来更大的不确定性，因此，关注资本账户开放进程、适时运用相关政策工具应对负面冲击尤为重要，而外汇储备作为吸收外部冲击的重要政策工具将可能发挥至关重要的作用。

关注中国资本账户开放不仅需要关注与之相关的跨境资本流动，同样地，研判资本账户开放的次序也有助于为应对外部冲击做好预案。

监测跨境资本流动，尤其是短期的跨境资本流动，利用外汇储备有效对冲跨境资本流动产生的不良影响，以提高货币政策的独立性，是积极运用外汇储备的战略之一。当前，国家外汇管理局积极推进外汇管理重点领域改革相关系统的建设，包括上线运行货物贸易外汇监测系统报关信息核验模块，便利银行开展贸易真实性审核工作，提升贸易便利化水平；上线运行银行卡境外交易外汇管理系统，实现境内发卡行境外交易数据的全面采集；在宏观审慎管理框架下，结合全口径跨境融资宏观审慎管理，继续完善跨境资金流动监测与分析系统，强化异常监测分析功能，开展数据挖掘方法应用研究，提升事中事后监管的有效性。[①] 由此可见，依据更完备的跨境资本流动数据，有助于合理运用外汇储备对冲跨境资本异常流动带来的宏观经济风险。

另外，研判资本账户开放的次序也有助于为应对外部冲击做好预案。国内关于资本账户开放次序的研究主要集中在资本项目自由化、汇率市场化和利率市场化的实施次序安排方面。余永定（2014）基于三元悖论理论提出"金融改革先行观"，认为汇率市场化和利率市场化改革是资本账户自由化的必要条件。利用资本账户的开放倒逼国内结构性改革是存在巨大风险的，因此，中国政府坚持审慎、渐进、可控、有序地开放资本账户将可以维护中国宏观经济与金融市场的稳定。对于未来中国的汇率市场化改革、利率市场化改革以及在此过程中中国对短期资本流动项目的有序开放或重新管制[②]措施实施效果进行分析和预判[③]，有助于为外汇储备的积极运用赢得空间。

三、实时关注中国金融系统性风险状况

基于第四章实证分析的结果，结合国际货币基金组织对外汇储备管理提供的指南以及典型经济体资本账户开放的经验，我们注意到，外汇储备在维持本国金融系统稳定性方面可以发挥重要作用，一定程度上甚至可以避免货币危机、银行危机和金融危机的发生。

为了充分发挥外汇储备稳定国内金融体系的功能，实时关注中国金融

---

① 相关政策内容来自《国家外汇管理局年报（2017）》。
② 当遭遇全球性金融危机的冲击时，采取临时性的资本管制有助于阻止危机的进一步蔓延。2012年起，特定情形下的资本管制得到了国际货币基金组织的默许（Harrison，2015）。
③ Edward Harrison. In Praise of Capital Controls［R/OL］. 2015. http：//foreignpolicy.com/2015/06/25/in-praise-of-capital-controls-imf-bpi-baseline-profitability-index/.

系统性风险是十分必要的。在第四章的实证分析中，本书使用企业脆弱性指数作为衡量潜在资本外逃的代理变量，即运用企业脆弱性指数作为衡量经济和金融环境的一种压力指标。对于金融系统压力状况或金融系统性风险状况进行度量还可以使用金融压力指数，国内外对于金融压力指数的研究已经取得了丰硕的成果，也有学者开始着手构建中国的金融压力指数。[①]

关于中国金融压力指数的构建，从指数频度方面看，大多数中国金融压力指数为月度指数，如国内学者赖娟（2010）选取期限利差、银行业风险利差、股票市场波动率和 EMPI 四个指标，在对各指标标准化的基础上，通过加总得到中国金融压力月指数。相较于月度的金融压力指数，陈忠阳、许悦（2016）基于货币、债券、股票和外汇市场的 12 个指标数据运用主成分分析法构建了周度金融压力指数，这是目前为止数据频度较高的中国金融压力指数。另外，李良松（2011）在着重考察投资者信心不足和金融市场流动性风险的基础上，选择了芝加哥期货交易所波动率指数（VIX）、香港市场大陆公司股票期权的隐含波动率、银行间市场 7 天回购定盘利率、1 周和 1 年期 SHIBOR 的期限利差、3 个月央行票据与银行间票据（A +）的信用利差、上证指数波动率等 6 个指标，在对指标标准化后采用等权重的方法加权平均最终获得中国金融压力指数。该研究样本期间为 2007 年 1 月 4 日至 2011 年 4 月 29 日，因此推测，其金融压力指数应该为日指数。徐国祥、李波（2017）选取了 4 个部门的 9 个指标，运用 2007 年 1 月 4 日至 2015 年 9 月 30 日的数据，采用因子分析法构建了日度中国金融压力指数。

一个好的金融压力指数应该及时地反映出不同时期的经济冲击，具体来说，第一，应该具有较高的数据频度，能够对金融市场中瞬息万变的信息做出及时的反映，为监管机构提供更多信息，最大限度缩短认识时滞；

---

① 关于金融压力指数的相关论述已经发表于《东北师大学报（哲学社会科学版）》（2018 年第 3 期）。王立荣、C. 詹姆斯·洪，《金融市场压力的测度：文献述评》。

第二，应该可以很好地描绘历史上的"危机时期"。结合这样的标准可以发现，已有的中国金融压力指数的构建存在以下问题：指数频度过低，大多研究结果为月度指数；对历史事件解释能力有限。[①] 从 2005 年起，中国人民银行每年发布《中国金融稳定报告》，从国际视角全面评估中国金融体系的稳定状态。尽管在该报告中不断增加定量分析的内容，并报告银行业、证券业压力测试的基本状况，但对金融体系的系统性风险状况并未给出实时且可比较的稳定性指标或金融压力指标。

2005 年以来，中国人民银行有序推进人民币汇率形成机制市场化改革，并于 2015 年 8 月实行人民币兑美元汇率中间价形成机制改革；同年 10 月，我国存款利率上限取消，利率市场化改革迈出关键一步。随着中国金融自由化程度的不断提高，中国与世界金融市场的联系将更加紧密，全球金融市场的动荡对中国金融市场的稳定状态也将产生更大影响，中国金融市场和经济发展面临的不确定性会显著增加。对中国金融市场系统性风险进行测度，并实时发布金融市场稳定状况指标，是进一步完善中国宏观审慎管理体系的重要一环。为了使外汇储备在中国的宏观审慎管理中发挥切实作用，外汇管理当局有必要通过实时监测中国金融压力指数、研判导致金融压力指数发生趋势性变化的主要因素，为可能出现的冲击做好预案。

四、增强对外汇储备投资效率的有效监管

对于中国外汇储备的管理，国家外汇管理局内设储备管理司负责研究提出国家外汇储备和黄金储备经营管理战略、原则及政策建议，组织总体

---

① 尽管徐国祥、李波（2017）构建的中国金融压力指数频度为日度，且对 2008 年金融危机时期的金融压力进行了准确测度，但对 2015 年 6 月股灾期间较大的金融压力测算存在偏差。

经营方案的拟订和实施，监督检查委托储备资产的经营状况。国家外汇管理局所辖中央外汇业务中心根据国家外汇储备经营战略、原则，负责国家外汇储备和黄金储备的经营管理，及经批准受托经营中国人民银行的外汇存款准备金等；跟踪研究、分析国际经济金融形势，为储备经营提供决策支持；拟订国家外汇储备和黄金储备经营管理的资产管理模式、中长期策略、短期操作方案并组织实施；确定储备经营整体风险管理原则，建立风险管理体系和内控制度，负责各类风险的防范；负责储备经营的交易清算和账户管理；负责储备资产的委托经营管理；拓展外汇储备创新运用，负责外汇储备委托贷款相关业务；承担与国际机构之间相关的协调与合作，参与有关国际金融活动，承担与港澳台交流合作的有关工作；研究拟订其他外汇资产受托经营原则。① 由此可见，在外汇储备创新运用过程中的风险管理、投资效率监管方面，储备管理司与中央外汇业务中心负有重要责任。

近年来，我国外汇储备积极拓展多元化运用，开辟、拓宽了包括委托贷款、股权注资等各类渠道，向商业银行、政策性银行等金融机构和实体经济部门提供外汇资金。由中国倡议设立的多边金融机构——亚洲基础设施投资银行法定资本为 1 000 亿美元，中国初始认缴资本目标为 500 亿美元，2015 年试运营的一期实缴资本金为初始认缴目标的 10%，即 50 亿美元，其中中国出资 25 亿美元，利用外汇储备注资亚投行是中国外汇储备创新运用的方式之一。值得注意的是，经过 6 次扩容，亚洲基础设施投资银行成员总数将增至 87 个②，目前，亚投行已经在 13 个国家开展 28 个项目，且连续获得三家国际评级机构最高信用评级。亚投行的建立标志着多边开发银行发展的新时期，作为"一带一路"建设融资的主要平台，"共享共

---

① 储备管理司和中央外汇业务中心的职责来自《国家外汇管理局年报（2017）》。
② 黎巴嫩作为意向成员加入亚投行获批，待走完国内法定程序并将首笔资本金缴存银行后，黎巴嫩将正式成为第八十七个成员。资料来自新华网，2018 年 6 月 29 日，"亚投行推动地区经济发展见成效"。

赢"国际法治思维最终将以国际贷款条件的具体内容体现。[①] 中国作为亚洲基础设施投资银行的重要参与方和出资方，有必要对亚投行的运作模式、资金运用模式和潜在的风险进行综合评估，积极参与亚投行的资金运作及风险监管。

相关数据显示，为了加强更多内陆国家的铁路和公路网络联通，促进贸易和经济增长，缩小国家之间的差距，亚投行已经提供了超过 53.4 亿美元的基础设施资金。[②] 中国改革开放 40 年来，在基础设施建设方面积累了很多经验，因此，对于亚投行投资的基础设施建设项目，中国可以积极参与其中以为项目的风险控制提供有益的经验。另外，根据《亚投行 2017 年报告》，到 2030 年前，亚洲国家每年需要基础设施建设资金 1.7 万亿美元，此外，随着信息技术的发展，数字基础设施建设也提上日程。随着基础设施需求的急剧增加，资金缺口越来越大。有研究指出，亚投行借助 PPP 模式可以实现与所在国政府、私营部门合理分担风险和回报，引导社会资本投入亚洲发展中国家的基础设施。[③] 中国目前使用外汇储备注资亚洲基础设施投资银行以及丝路基金等具有国际化、专业化特征的投资机构，通过市场化的运作方式选择投资合作项目，既有利于实现合理的财务收益，又有助于促进共同发展、共同繁荣和各国经济的中长期可持续发展。在这样的背景下，中国应该利用亚洲基础设施投资银行、丝路基金等平台实现对外汇储备投资效率的提升和有效监管。

---

① 孟于群. "一带一路"之亚投行贷款条件的设计理路 [J]. 江西社会科学，2018（2）：174 – 182.

② 资料来新华网，2018 年 6 月 29 日，"亚投行推动地区经济发展见成效"。

③ 廖中新，蔡栋梁，高菲. 亚投行运营模式及其发展前景 [J]. 财经科学，2016（3）：36 – 48.

参 考 文 献

[1] [日] 菊地悠二著，陈健译，朱绍文校．日元国际化——进程与展望 [M]．北京：中国人民大学出版社，2002：186－188．

[2] [美] 彼得·纽曼，[美] 默里·米尔盖特，[英] 约翰·伊特维尔．新帕尔格雷夫货币金融大辞典第一卷 [M]．北京：经济科学出版社，2000，787－789．

[3] 陈丰．日本资本账户自由化进程及对中国的启示 [J]．日本研究，2012（2）：7－13．

[4] 陈虹．日元国际化之路 [J]．世界经济与政治，2004（5）：65－70．

[5] 陈小鼎．区域公共产品与中国周边外交新理念的战略内涵 [J]．世界经济与政治，2016（8）：37－55．

[6] 陈雨露，马勇．宏观审慎监管：目标、工具与相关制度安排 [J]．经济理论与经济管理，2012（3）：5－15．

[7] 陈忠阳，许悦．我国金融压力指数的构建与应用研究 [J]．当代经济科学，2016（1）：27－35．

[8] 段小茜．金融稳定界定：定义、内涵及制度演进 [J]．财经科学，2007（1）：1－9．

[9] 范德胜．日本、韩国和印度储备资产管理的经验及对我国的启示 [J]．国际贸易，2014（4）：57－61．

[10] 管涛．"债券通"上线，中国资本账户开放迈出新步伐 [J]．国

际金融研究，2008（1）：13.

［11］郭萍. 新兴市场国家金融稳定问题研究［D］. 长春：吉林大学学报，2009.

［12］贺凤羊，刘建平. 如何对中国 CPI 进行季节调整——基于 X-12-ARIMA 方法的改进［J］. 数量经济技术经济研究，2011（5）：110－124.

［13］黄获瑜，靳玉英. 中国资本账户实际开放度的测度［J］. 上海金融，2006（5）：54－56.

［14］姜海燕. 韩国金融监管体制演变路径与经验分析［J］. 国际金融，2017（2）：65－71.

［15］赖娟，吕江林. 基于金融压力指数的金融系统性风险的测度［J］. 统计与决策，2010（19）：128－131.

［16］雷达. 中美贸易战的长期性和严峻程度［J］. 南开大学学报（哲学社会科学版），2018（3）：3－5.

［17］李珂. 试析 1947～1991 年印度外汇管理制度［J］. 南亚研究季刊，1999（1）：24－30.

［18］李良松. 构建中国金融压力指数探析［J］. 上海金融，2011（8）：64－67.

［19］李巍，张志超. 一个基于金融稳定的外汇储备分析框架——兼论中国外汇储备的适度规模［J］. 经济研究，2009（8）：27－36.

［20］李晓. 中美贸易失衡与特朗普发动贸易战的目的［J］. 南开大学学报（哲学社会科学版），2018（3）：5－8.

［21］李扬. 提升金融服务实体经济的质量［J］. 财经界，2015（9）：106－110.

［22］廖中新，蔡栋梁，高菲. 亚投行运营模式及其发展前景［J］. 财经科学，2016（3）：36－48.

［23］刘金全，张菀庭，徐宁. 资本账户开放度、货币政策独立性与汇率制度选择：三元悖论还是二元悖论？［J］. 世界经济研究，2018（5）：

3 - 13.

[24] 罗伯特·吉尔平著，杨宇光等译. 国际关系政治经济学 [M]. 上海：上海人民出版社，2011，69 - 73.

[25] 孟于群. "一带一路"之亚投行贷款条件的设计理路 [J]. 江西社会科学，2018（2）：174 - 182.

[26] 裴平. 汇率并轨对改善我国进出口状况的效用 [J]. 经济研究，1994（11）：35 - 40.

[27] 彭兴韵，王伯英. 跨境资本流动与宏观审慎管理 [J]. 中国金融，2016（15）：45 - 47.

[28] 深尾光洋. 日本的汇率自由化与资本账户开放 [N]. 21 世纪经济报道，2012 - 07 - 02（016）.

[29] 孙杰. 中美贸易争端不会影响中国的开放国策 [J]. 南开大学学报（哲学社会科学版），2018（3）：10 - 12.

[30] 孙培钧，华碧云. 印度的经济改革：成就、问题与展望 [J]. 南亚研究，2003（1）：3 - 11，22.

[31] 王国刚. 中国资本账户开放：经济主权、重点和步骤 [J]. 国际金融研究，2003（3）：4 - 11.

[32] 王海峰. 身份进化、污名管理与国际资本规范：韩国资本账户政策研究 [D]. 北京：外交学院博士论文，2016：76 - 77，94.

[33] 王晖. 日本外汇储备体制及其特点 [J]. 经济师，2010（12）：63 - 64.

[34] 王立荣，C. James Hueng. 金融市场压力的测度：文献述评 [J]. 东北师范大学学报（哲学社会科学版），2018（3）：64 - 70.

[35] 王立荣，刘力臻. 货币国际化进程中的最优外汇储备规模：日元的经验研究 [J]. 现代日本经济，2012（6）：1 - 9.

[36] 王群勇，武娜. 中国月度数据的季节调整：一个新方案 [J]. 统计研究，2010（8）：8 - 13.

[37] 卫迎春，邹舒．中国货币政策对美国货币政策独立性的实证分析 [J]．国际贸易问题，2012（7）：115-124．

[38] 闻岳春．韩国资本市场国际化及其启示 [J]．当代韩国，1997（4）：71-74，87．

[39] 吴东．资本账户开放国际比较及对我国的启示 [D]．长春：东北师范大学学报，2005：18-19．

[40] 吴念鲁．中国外汇储备研究——考量与决策 [M]．北京：中国金融出版社，2014，8，33-34．

[41] 邢自强．日本资本账户开放经验 [J]．中国金融，2015（1）：79-80．

[42] 徐策．印度的外汇管理政策改革 [J]．东南亚南亚研究，2016（3）：35-44．

[43] 徐国祥，李波．中国金融压力指数的构建及动态传导效应研究 [J]．统计研究，2017（4）：59-71．

[44] 阳月梅．人民币汇率一再下调引起的新问题 [J]．金融研究，1991（5）：59-61，54．

[45] 杨柳，黄婷．我国汇率制度弹性、货币政策有效性与货币政策独立性研究——基于 SFAVAR 模型的实证分析 [J]．管理评论，2015，27（7）：43-57．

[46] 易宪容．金融高效服务实体经济是重点 [J]．中国金融家，2015（12）：47-48．

[47] 余永定．外汇储备急剧增长的时代已经结束 [N]．第一财经日报，2014-12-31．

[48] 余永定．寻求资本项目开放问题的共识 [J]．国际金融研究，2014（7）：3-6．

[49] 张明．善用中国的外汇储备 [J]．经济导刊，2017（5）：29-31．

[50] 张明．中国的资本账户开放：一种平衡的方法 [M]．北京：中

国金融出版社，2015.

[51] 张明. 中国面临的短期国际资本流动：不同方法与口径的规模测算 [J]. 世界经济，2011 (2)：39-56.

[52] 张明. 中国资本账户开放：行为逻辑与情景分析 [J]. 世界经济与政治，2016 (4)：139-155.

[53] 张润林，宋菲. 印度外汇储备管理实践及其经验借鉴 [J]. 价格理论与实践，2011 (4)：87-88.

[54] 赵巍. 1980 年后日本资本账户自由化进程经验及其启示 [J]. 湖北科技学院学报，2013，33 (1)：4-5.

[55] 周波. 韩国如何管理外汇储备 [N]. 中国财经报，2013-01-24.

[56] 周琰. 新兴经济体资本账户开放与宏观审慎政策工具选择 [D]. 北京：首都经济贸易大学学报，2017：40-41.

[57] 朱云桥. 资本账户开放的经济效应分析——兼论我国资本账户开放的进程及安排 [D]. 苏州：苏州大学学报，2008：42-44.

[58] Ahmed Shaghil, Andrei Zlate. Capital Flows to Emerging Market Economies：A Brave New World? [EB/OL]. Board of Governors of the Federal Reserve System, International Finance Discussion Papers Number 1081, June 2013.

[59] Aizenman Joshua, Lee Yeonho, Rhee Yeongseop. International Reserves Management and Capital Mobility in a Volatile World：Policy Considerations and a Case Study of Korea [EB/OL]. Other Recent Work, Department of Economics, UCSC, UC Santa Cruz, 2004. Permalink：http：//escholarship. org/uc/item/65p8p9qq.

[60] Aizenman Joshua, Menzie D. Chinn, Hiro Ito. The Emerging Global Financial Architecture：Tracing and Evaluating New Patterns of the Trilemma Configuration [J]. Journal of International Money and Finance, 2010, (29)：615-641.

［61］ Aizenman Joshua, Michael M. Hutchison. Exchange Market Pressure and Absorption by International Reserves: Emerging Markets and Fear of Reserve Loss during the 2008 – 2009 Crisis ［J］. Journal of International Money and Finance, 2012 (31): 1076 – 1091.

［62］ Aizenman Joshua, Yin-Wong Cheung, Hiro Ito. International Reserves before and after the Global Crisis: Is There No End to Hoarding? ［J］. Journal of International Money and Finance, 2015, 52: 102 – 126.

［63］ Aizenman Joshua, Jaewoo Lee. International Reserves: Precautionary Versus Mercantilist Views, Theory, and Evidence ［J］. Open Economies Review, 2007, 18 (2): 191 – 214.

［64］ Aizenman Joshua, Nancy Marion. The High Demand for International Reserves in the Far East: What is Going on? ［J］. Journal of the Japanese and International Economies, 2003, 17: 370 – 400.

［65］ Aizenman Joshua. Large Hoarding of International Reserves Accumulation in Emerging Global Economic Architecture ［J］. The Manchester School, 2008, 76: 487 – 503.

［66］ Aizenman, Joshua, Chinn, Menzie D. , Ito, Hiro. The "Impossible Trinity" Hypothesis in an Era of Global Imbalances: Measurement and Testing ［J］. Review of International Economics, 2013, 21 (3): 447 – 458.

［67］ Alberola Enrique, Aitor Erce, José Maria Serena. International Reserves and Gross Capital Flows Dynamics ［J］. Journal of International Money and Finance, 2016 (60): 151 – 171.

［68］ Assessing Reserve Adequacy-Specific Proposals ［EB/OL］. IMF policy papers, 2015.

［69］ Atish R. Ghosh, Jonathan D. Ostry, Charalambos G. Tsangarides. Shifting Motives: Explaining the Buildup in Official Reserves in Emerging Markets since the 1980s ［EB/OL］. IMF Working Papers, No. 12/34, 2012.

［70］ Bahmani-Oskooee M. , F. Brown. Demand for International Reserves: A Review Article ［J］. Applied Economics, 2002, 34: 1209 – 1226.

［71］ Ben-Bassat, A. , and Gottlieb , D. Optimal International Reserves and Sovereign Risk ［J］. Journal of International Economics, 1992, 33: 345 – 362.

［72］ Bianchi J. , Hatchondo J. C. , Martinez L. International Reserves and Rollover Risk ［EB/OL］. IMF Working Papers, No. 13/33, 2013.

［73］ Borio, Claudio and Piti Disyatat. Global Imbalances and the Financial Crisis: Link or No Link? ［EB/OL］. BIS Working Papers, 2011, No 346, http: //www. bis. org/publ/work346. pdf.

［74］ Bruno, Valentina and Hyun Song Shin. Capital Flows, Cross-Border Banking and Global Liquidity ［EB/OL］. Working Papers, Princeton University, 2013.

［75］ Bussière, Matthieu, Cheng, Gong, Chinn, Menzie D. , Lisack, No? mie. For a Few Dollars More: Reserves and Growth in Times of Crises ［J］. Journal of International Money and Finance, 2015, 52: 127 – 145.

［76］ Calvo, Guillermo A. , Leonardo Leiderman, and Carmen Rein-hart. Capital Flows to Developing Countries in the 1990s: Causes and Effects ［J］. Journal of Economic Perspectives, 1996, 10 (2): 123 – 139.

［77］ Calvo, Guillermo A. Capital Flows and Capital-Market Crises: The Simple Economics of Sudden Stops ［J］. Journal of Applied Economics, 1998, 1: 35 – 54.

［78］ Chant John. Financial Stability as a Policy Goal ［A］. Chant John, Alexandra Lai, Mark Illing, and Fred Daniel. Essays on Financial Stability ［C］. Bank of Canada Technical Report, Ottawa, 2003, (95): 1 – 28.

［79］ Charles P. Kindleberger. Dominance and Leadership in the International Economy: Exploitation, Public Goods, and Free Rides ［J］. International Studies Quarterly, Vol. 25, No. 2, 1981: 242 – 254.

［80］Chinn, Menzie D. and Hiro Ito. What Matters for Financial Development? Capital Controls, Institutions, and Interactions ［J］. Journal of Development Economics, 2006, 81（1）: 163 – 192.

［81］Cruz M. , Kriesler P. International Reserves, Effective Demand and Growth ［J］. Review of Political Economy, 2010, 22（4）: 569 – 587.

［82］C. W. Reykjavik. Iceland Bins Capital Controls-A Minnow Recovers ［EB/OL］. The Economists, Jun 8th, 2015.

［83］Davis E. P. A Typology of Financial Instability ［EB/OL］. Financial Stability Report, No. 2, Oesterreichische National Bank, Wenen. 2002.

［84］Dominguez Kathryn M. E. , Yuko Hashimoto, Takatoshi Ito. International Reserves and the Global Financial Crisis ［J］. Journal of International Economics, 2012, 88: 388 – 406.

［85］Durdu C. B. , Mendoza E. G. , Terrones M. E. Precautionary Demand for Foreign Assets in Sudden Stop Economies: An assessment of the New Mercantilism ［J］. Journal of Development Economics, 2009, 89: 194 – 209.

［86］Edison H. , Conover E. , Li Y. Are Foreign Reserves Too High? ［EB/OL］. World Economic Outlook, IMF, 2003.

［87］Edison, H. J. and F. Warnock. A Simple Measure of the Intensity of Capital Controls ［J］. Journal of Empirical Finance, 2003, 10: 81 – 103.

［88］Edward Harrison. In Praise of Capital Controls ［R/OL］. 2015. http: //foreignpolicy. com/2015/06/25/in-praise-of-capital-controls-imf-bpi-baseline-profitability-index/.

［89］Einzig P. Exchange Control ［M］. London: Macmillan, 1934.

［90］Enrique G. Mendoza. Sudden Stops, Financial Crises and Leverage: A Fisherian Deflation of Tobin's Q ［EB/OL］. Board of Governors of the Federal Reserve System, International Finance Discussion Papers, No. 960, December 2008.

［91］Epstein G. A. , J. B. Schor. Structural Determinants and Economic

Effects of Capital Controls in OECD Countries [EB/OL]. In Financial Openness and National Autonomy, ed. by T. Banuri and J. B. Schor (Oxford: Clarendon Press), 1992.

[92] Fleming J. M. Domestic Financial Policies under Fixed and under Floating Exchange Rates [J]. Staff Papers, 1962, 9 (3): 369 – 380.

[93] Forbes, Kristin J. and Francis E. Warnock. Capital Flow Waves: Surges, Stops, Flight and Retrenchment [J]. Journal of International Economics, 2012, 88 (2): 235 – 251.

[94] Frankel J. , Schmukler S. , Servén L. Verifiability and the Vanishing Intermediate Exchange Rate Regime [R]. Brookings Trade Forum 2000, 2000: 351 – 386.

[95] Frenkel Jacob A. , Jovanovic Boyan. Optimal International Reserves: A Stochastic Framework [J]. The Economic Journal, 1981, 91: 507 – 514.

[96] Ghosh A. R. , Ostry J. D. , Tsangarides C. G. Accounting for Emerging Market Countries' International Reserves: Are Pacific Rim Countries Different? [J]. Journal of International Money and Finance, 2014, 49: 52 – 82.

[97] Gosselin M. , Parent N. An Empirical Analysis of Foreign Exchange Reserves in Emerging Asia [EB/OL]. Bank of Canada Working Paper, No. 2005 – 38, 2005.

[98] Grimes A. International Reserves under Floating Exchange Rates: Two Paradoxes Explained [J]. The Economic Record, 1993, 69: 411 – 415.

[99] Group of Ten. The G10 Report on Consolidation in the Financial Sector [EB. OL]. 2001.

[100] Heller H. Robert. Optimal International Reserves [J]. The Economic Journal, 1966, 76: 296 – 311.

[101] Hurvich C. M. , C-L Tsai. Regression and Time Series Model Selection in Small Samples [J]. Biometrika, 1989, 76: 297 – 307.

［102］ Jeanne, O. , Rancière R. The Optimal Level of International Reserves for Emerging Market Countries: A New Formula and Some Applications ［J］. The Economic Journal, 2011, 121: 905 – 930.

［103］ Johnston, R. B. , N. T. Tamirisa. Why Do Countries Use Capital Controls? ［EB/OL］. IMF Working Papers, No. 98/181 (Washington, DC: International Monetary Fund), 1998.

［104］ Kaminsky G. L. , Reinhart C. M. The Twin Crises: The Causes of Banking and Balance-of-Payments Problems ［J］. The American Economic Review, 1999, 89: 473 – 500.

［105］ Kim, Kyungsoo. Global Financial Crisis and Korean Economy ［EB/OL］. Proceedings, Federal Reserve Bank of San Francisco, 2009, issue Oct, 277 – 284.

［106］ Kraay A. In Search of the Macroeconomic Effect of Capital Account Liberalization ［R/OL］. Washington: The World Bank, 1998.

［107］ Lane, P. R. , and G. M. Milesi-Ferretti. The External Wealth of Nations Mark II: Revised and Extended Estimates of Foreign Assets and Liabilities, 1970 – 2004 ［J］. IMF Working Papers, No. 06/69, 2006.

［108］ Lane, P. R. , G. M. Milesi-Ferretti. The External Wealth of Nations, Mark II: Revised and Extended Estimates of Foreign Assets and Liabilities, 1970 – 2004 ［J］. Journal of International Economics, 2007, 73: 223 – 50.

［109］ Matthieu Bussière, Gong Cheng, Menzie D. Chinn, No? mie Lisack. For a Few Dollars More: Reserves and Growth in Times of Crises ［J］. Journal of International Money and Fiance, 2015, 52: 127 – 145.

［110］ Miranda-Agrippino, Silvia, Rey, Hélène . World Asset Markets and Global Liquidity ［EB/OL］. Presented at the Frankfurt ECB BIS Conference, February 2012, Mimeo, London Business School.

[111] Mishkin, F. S. Global Financial Instability: Framework, Events, Issues [J]. Journal of Economic Perspectives, 1999, 13 (4): 3 – 20.

[112] Mundell R. A. Capital Mobility and Stabilization Policy under Fixed and Flexible Exchange Rates [J]. Canadian Journal of Economics and Political Science/Revue Canadienne De Economiques et Science Politique, 1963, 29 (04): 475 – 485.

[113] Obstfeld Maurice, Jay C. Shambaugh and Alan M. Taylor. Financial Stability, the Trilemma, and International Reserves [J]. American Economic Journal: Macroeconomics, 2010, 2 (2): 57 – 94.

[114] Obstfeld, Maurice. Financial Flows, Financial Crises, and Global Imbalances [J]. Journal of International Money and Finance, 2012 (31): 469 – 480.

[115] Obstfeld, Maurice. Trilemmas and Trade-offs: Living with Financial Globalization [EB/OL]. BIS Working Papers, No 480, 2015.

[116] Obstfeld, M. International Liquidity: the Fiscal Dimension [EB/OL]. NBER Working Papers, No. 17379, 2011.

[117] Philippe Bacchetta, Kenza Benhima, Yannick Kalantzis. Capital Controls with International Reserve Accumulation: Can This Be Optimal? [J]. American Economic Journal Macroeconomics, 2013, 5 (3): 229 – 262.

[118] Popper, Helen, Mandilaras, Alex, Bird, Graham. Trilemma Stability and International Macroeconomic Archetypes [J]. European Economic Review, 2013, 64 (2): 181 – 193.

[119] Quinn Dennis P. , Martin Schindler and A. Maria Toyoda. Assessing Measures of Financial Openness and Integration [J]. IMF Economic Review, 2011, 59 (3): 488 – 522.

[120] Randall Jones. Korea's Economy: Finding a New Momentum [EB/OL]. OECD (2016), OECD Economic Survey of Korea, OECD Publishing, see www. oecd. org/korea.

［121］ Rey, Hélène. Dilemma not Trilemma: The Global Financial Cycle and Monetary Policy Independence ［R］. In Global Dimensions of Unconventional Monetary Policy, 2013 Jackson Hole Symposium Proceedings. 2013.

［122］ Roberts Ivan, Graham White. Seasonal Adjustment of Chinese Economic Statistics ［EB/OL］. Reserve Bank of Australia, Research Discussion Paper, NO. 2015 − 13, 2015.

［123］ Ruiz-Arranz M. , Zavadjil M. Are Emerging Asia's Reserves Really Too High? ［EB/OL］. IMF Working Papers, No. 08/192, 2008.

［124］ Schinasi Garry J. Defining Financial Stability ［EB/OL］. IMF Working Papers, WP/04/187, 2004.

［125］ Schoenmaker, Dirk. Governance of International Banking: The Financial Trilemma ［M］. Oxford, UK: Oxford University Press, 2013.

［126］ Schoenmaker D. Central Banks and Financial Authorities in Europe: What Prospects? ［R］. In D. Masciandaro, ed. , Te Handbook of Central Banking and Financial Authorities in Europe. Cheltenham: Edward Elgar, 2005: 398 − 456 .

［127］ Schwarcz, Steven L. Systemic Risk ［EB/OL］. Duke Law School Legal Studies Paper No. 163; Georgetown Law Journal, 2008, Vol. 97, No. 1.

［128］ Shin, Hyun Song. "Global Banking Glut and Loan Risk Premium" Mundell-Fleming Lecture ［EB/OL］. IMF Economic Review, 2012, 60 (2): 155 − 192.

［129］ Steiner Andreas. Central Banks and Macroeconomic Policy Choices: Relaxing the Trilemma ［J］. Journal of Banking and Finance, 2015, 77: 283 − 299 .

［130］ Taguchi H. Monetary Autonomy in Emerging Market Economies: The Role of Foreign Reserves ［J］. Emerging Markets Review, 2011, 12: 371 − 388.

［131］ Tygesen N. Comments on the Political Economy of Financial Harmonisation in Europe ［R］. In J. Kremers，D. Schoenmaker，and P. Wierts，eds. ，Financial Supervision in Europe. Cheltenham：Edward Elgar，2003：142 – 150.

［132］ Voth H. J. . Convertibility，Currency Controls and the Cost of Capital in Western Europe，1950 – 99 ［J］. International Journal of Finance and Economics，2003，Vol. 8：255 – 276.

［133］ World Bank. World Development Report，Washington D. C. ，1985.